Hans-Peter Wannewitz

Treibgut 5307194

Autobiografische Skizzen, Reportagen, Essays, Glossen, Gedichte, Gedankensplitter, Sonstige Versatzstücke

Hans-Peter Wannewitz

Treibgut 5307194

Autobiografische Skizzen, Reportagen, Essays, Glossen, Gedichte, Gedankensplitter, Sonstige Versatzstücke

Rediroma-Verlag

Bibliografische Information der Deutschen Nationalbibliothek:
Die Deutsche Nationalbibliothek verzeichnet diese Publikation in der Deutschen Nationalbibliografie; detaillierte bibliografische Daten sind im Internet über http://portal.dnb.de abrufbar.

ISBN 978-3-98885-080-5

www.rediroma-verlag.de
11,95 Euro (D)

FÜR MEINE MUTTER

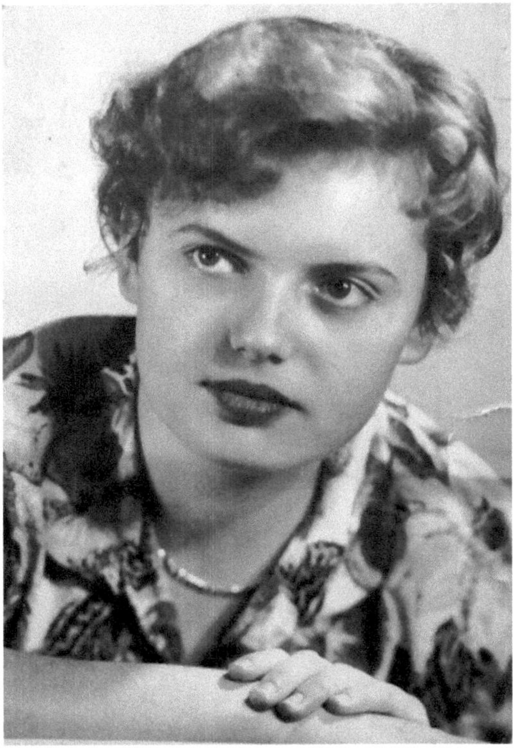

Inhalt

Vorwort

Quis leget haec, hätte mein Vater gesagt: Wer soll das Zeug lesen? Da ist also schon wieder einer, der sich um den eigenen Bauchnabel dreht und glaubt, nur er habe ein interessantes Leben gehabt. Und es stimmt ja irgendwie auch, dass Diavorträge mit den Fotos Anderer zumeist nur höfliche Aufmerksamkeit genießen, ansonsten aber hinreichend langweilig sind. Nun ja, warum veröffentliche ich das hier Vorgelegte trotzdem? Einfach, weil ich überzeugt davon bin, dass es mehr als einen solchen Diavortrag darstellt. Und dass es den Horizont des Bauchnabels zu überschreiten in der Lage ist. Das Licht am Ende des Tunnels kann also auch ein Gedankenblitz sein. Wenn alles gut geht.

Ganz schön eingebildet? Ja, aber ganz ohne ein wenig Selbstbewusstsein geht es eben auch nicht. Mit diesem Büchlein lege ich jedenfalls verschiedenartige Texte vor, die ich im Laufe meines sich seiner Neige zuwendenden Lebens verfasst habe. Sie sind ganz bewusst völlig ungeordnet abgedruckt worden, so dass sich die geneigte Leserschaft die vorliegenden Beschreibungen nicht durch die strenge Steigerung nach gelesenen „Seitenzahlen“, sondern auch durch spontanes Herumblättern erschließen kann. Irgendwo aufschlagen und loslesen.

Zwischen dem Himmel, Parey an der Elbe, Magdeburg, weiteren bemerkenswerten Lokalitäten und der absehbaren Hölle sind hier Erinnerungen, Beobachtungen, Eindrücke und Urteile wiedergegeben, die vielleicht über den Tellerrand des Privaten hinaus für einen größeren Leserkreis interessant sein können. Ergänzt sind die mutmaßlich merkwürdigen Erlebnisse und autobiografischen Skizzen durch mehrere Essayversuche, Glossen, Gedichte, ausgesuchte Reisebeschreibungen, einige Versatzstücke und Schlaglichter, eine mir wichtige Laudatio zu einer Kunstausstellung sowie ein paar Dutzend Aphorismusversuche. Das Buch ist journalistisch geprägt.

Lächeln, feixen, grinsen, lachen und brüllen wie auch die jeweiligen Gegenteile sind erlaubt. Alles davor, dazwischen und danach ebenso. Und zudem aufrichtig erwünscht.

Ich hatte das große Glück, eine meiner Neigungen, die deutsche Sprache, zu meinem Beruf gemacht und die Abfolge Korrektor – Journalist – Pressesprecher – Redenschreiber durchlaufen haben zu können, was mir beim Niederschreiben der folgenden Absonderungen natürlich entgegenkam. Aber jeder Korrektor weiß auch, dass noch nie ein Buch ohne Fehler erschienen ist.

Augenzwinkernd: Es ist also meine Absicht, dass meine Ansicht Vorsicht und Nachsicht genießt.

Das Anwerfen einer kommerziellen Maschinerie und das fragwürdige Vitamin B, um ein Buch auf den Markt zu werfen, lassen mich vorerst davor zurückschrecken, einen etablierten Verlag zu suchen, meine Texte einem größeren Leserkreis zugänglich zu machen. So versuche ich es zunächst kraft meiner eigenen Wassersuppe in einem enger begrenzten, für mich finanzierbaren Rahmen. Bei der erlesenen Zielgruppe handelt es sich um meine Lieben und Verwandten, Freundinnen und Freunde sowie ausgewählte Bekannte.

Ich hoffe sehr, dass möglichst viele dieses Kreises sich dazu aufraffen werden, das Machwerk aufzuschlagen. Wenngleich ich sie gleichzeitig enttäuschen muss: Sie selbst werden sich, von Ausnahmen abgesehen, nicht darin wiederfinden. Dies hat jedoch nichts mit Geringschätzung oder mangelnder Interessantheit – das Wort Achtsamkeit ist mir zu inflationär - zu tun. Die Textsammlung ist einfach nicht darauf angelegt. Es ist also weder eine herkömmliche Autobiografie noch ein Familienalbum. Bitte nicht enttäuscht sein.

Abschließend möchte ich allen Menschen danken, die mir wohlgesonnen waren und die wie auch immer zum Zustandekommen dieses Büchleins beigetragen haben. Danke sage ich besonders meiner Frau Beate.

Magdeburg/Elbe-Parey, im Herbst 2023

Der Autor

1. Einstimmung: Murphys gesetzliche Reißzwecke

Was ich jetzt hier schreibe, ist die reine und unbestechliche Wahrheit. Ich habe es exakt so erlebt. Also: Ich stehe in der Küche. Dort, wo Marmeladenstullen immer mit der klebrigen Seite nach unten auf dem Fußboden landen, wenn sie einem entgleiten. Die Betonung liegt auf immer.

Sehr spitzfindige Physiker kommen vielleicht auf die Idee, dass das mit irgendeinem Rotationsmoment oder damit zu tun hat, dass die Marmelade eine höhere Dichte als das Brot aufweist. Sich die Stulle in der Luft also wegen der Gravitation immer mit der schwereren Seite nach unten drehen würde...?

Aber das Folgende können auch die mir nicht erklären: Da fällt mir plötzlich eine Reißzwecke runter. Ich denke, trotz gewisser kinetischer Energie kann sie ja sooo weit weg nicht liegen geblieben sein, und ich bücke mich, um sie einfach aufzuheben. Aber nichts da (...): Die Reißzwecke ist weg. Nicht einfach nur weg, sondern spurlos verschwunden. Na gut, denke ich, hinter dem Stuhlbein hier, oder wenigstens hinter einem der drei anderen muss sie ja liegen. Ist sie halt ein bisschen gekullert.

Nix da. Weg. Sie hat das Wort Weg wörtlich genommen und diesen genüsslich ausgedehnt, um dann weg zu sein. Wenn auch kleingeschrieben. Unsere Küche hat 16 Stuhlbeine und vier Tischbeine. Nun schaue ich lieber gleich hinter dem zwanzigsten aller dieser Beine, denn mittlerweile habe ich sie durchschaut:

Die selbstbewusste Zwecke möchte ihren Zweck nicht länger bezwecken, sie hat wahrscheinlich einen höheren Intelligenzquotienten und mehr Humor als ich und will mich austricksen. Sie kann denken! Davon bin ich jetzt überzeugt. Denn sie liegt immer hinter der letzten aller Möglichkeiten. IMMER. Hinter dem zwanzigsten Holzbein liegt sie aber nicht. Ich bin also auf dem Holzweg.

Ich schwanke jetzt zwischen einem „Okay, Du hast gewonnen“ und einem Begehren, die ganze Küche kurz und klein zu schlagen. In diesem Augenblick fällt mein solcher auf die kleine Fußbank in der Zimmerecke. Da liegt sie. Tatsächlich! Noch schnell mit letzter Energie draufgesprungen, das kleine Miststück! Die Fußbank stand im Schatten - das hat sie genau einkalkuliert. Ich gehe jetzt in den Keller und hole die Axt.

Am Fenster

Das Surren nur der Zimmerfliege
stört gelegentlich das Schweigen.
Wie über einer Babywiege
wandern weiche Wolkenreigen.

Die Schultern leicht, als ob sie fliegen.
Aus weiter Ferne lacht ein Kind.
So kommt der Furor zum Erliegen.
Und in den Ärmeln spielt der Wind.

Ich lass den Zeitenlauf gewähren.
Egal das Was, Wann, Wo und Wie.
Ein Schweben nur im Ungefähren
Ich fröne der Melancholie.

Da schlägt sie um, des Buches Seite.
Die Dämmerung streut warmes Licht.
Dass sie mich in den Traum begleite,
doch wie er ausgeht, weiß ich nicht.

2. Verrückte Begegnungen mit der kleinen und großen Kunst

Ausgemachtes:

Mein Elternhaus in Parey an der Elbe war unter anderem und gewissermaßen ein Haus der Kunst. Mütterlicherseits ist mein Urgroßvater ein Ziseliermeister und Bildhauer aus Wien gewesen – Karl Stadler, der wunderbare Bronzeskulpturen und Pretiosen schuf. Sein Bruder Gustav hinterließ einige sehr schöne Ölgemälde. Mein Vater wiederum war universell gebildet, hatte neben Stahlhochbau und Schweißtechnik auch Architektur studiert und sich nebenberuflich u.a. immer intensiv mit der Kunst beschäftigt. Er hat bemerkenswerte Aquarelle gemalt, von denen ich etwa 10 herausragende besitze. Selbst meine geliebte Mama hat sich im Aquarellmalen versucht und einige sehr schöne Bilder geschaffen.
Vor diesem Hintergrund hat sich bei mir unter anderen ein starkes Interesse für die Bildende Kunst entwickelt, und es sollte in meinem Leben einige bemerkenswerte, ja ziemlich verrückte Ereignisse dazu geben, ohne dass ich selbst je einen Pinsel oder Meißel in die Hand genommen hätte. Schon in der Jugend war ich von den Alten Meistern begeistert und schrieb zum Beispiel eine emphatische Bildbesprechung über Raffaelo di Santi´s berühmte Sixtinische Madonna. Mehrere Male besuchte ich auch die wichtigste Kunstausstellung der DDR dort in Dresden, die alle vier Jahre stattfand.
Schlussendlich verfeinerte sich mehr und mehr mein auf die Kunst bezogener Geschmack, und heute zähle ich neben den Giganten Michelangelo Buonarroti und Leonardo da Vinci besonders Masaccio, Boticelli, Frans Hals, Jan Vermeer van Delft, Rembrandt van Rijn, Vincent van Gogh, Pissarro, Lovis Corinth, Max Klinger, Max Slevogt, Max Liebermann, Max Pechstein, Max Ernst, Modigliani, Anselm Kiefer, Werner Tübke, Sebastian Herzau und ebenso die Biedermann-Brüder zu meinen Favoriten. Auch die Schöpfungen meines Urgroßvaters aus Wien, meiner Eltern und meines Freundes Olaf Halfas entzücken mich sehr.

Eingemachtes:

TÜBKE

Als Werner Tübke in den frühen 80er Jahren dabei war, das von den Ausmaßen größte und vielleicht auch eines der bemerkenswertesten Gemälde Europas zu schaffen – die „Frühbürgerliche Revolution" als 100 Meter langes und 12 Meter hohes Bauernkriegspanorama in Kreisform auf dem Schlachtberg bei Bad Frankenhausen – schrieb ich ihm einen Brief. Ich fragte und begründete, ob ich dem Malprozess vielleicht einmal kurz beiwohnen dürfe. Zu meiner großen Verwunderung antwortete mir der vielleicht bedeutendste DDR-Maler trotz 12-Stunden-Tages handschriftlich selbst mit einem persönlichen Brief und seinem berühmten Signum. Er bat um Verständnis und musste ablehnen, weil er sonst Hunderten solcher Anfragen Genüge hätte tun müssen.
So weit, so gut. Ich arbeitete damals als Korrektor in einer Magdeburger Druckerei. Später begann meine journalistische Laufbahn in Magdeburg, um schließlich 1997 Pressesprecher ausgerechnet in Schönebeck (Elbe) zu werden. Etwa 15 Jahre nach dem Brief sollte sich hier nun das Sonder- und Wunderbare ergeben, den Meister doch noch persönlich kennen lernen zu dürfen. Denn wie ich erst in Schönebeck erfuhr, war Tübke dort einst geboren worden und mein Oberbürgermeister und ich suchten den Kontakt zum großen Sohn der Stadt. Sie war nicht gerade geliebt von ihm, aber er kam! Mehrmals.

Mir gelang dabei, eine Tafel für sein Geburtshaus am Markt zu entwerfen, die er dann persönlich enthüllte. Und natürlich konnte ich mit ihm sprechen. Das Ganze geschah so lange nach dem Briefwechsel, bei dem ich noch nichts von dem späteren Zusammentreffen ahnen konnte. Weder wusste, dass er aus Schönebeck kam, noch, dass es mich einmal dorthin verschlagen sollte. Ist das nicht schön?

BIEDERMANN

Eigentlich noch schöner ist die folgende Geschichte, die ebenfalls zu bestätigen scheint, dass man sich immer zweimal im Leben sieht..., und das in diesem Falle im doppelten Sinne. Ich hatte in meiner ersten Zeit als Journalist in der Wendezeit

(1989/90) einmal eine Ausstellung eines gewissen Malers Helmut Biedermann in einer Galerie in der Halberstädter Straße Magdeburgs rezensiert. Die Werke hatten mir gefallen. Es war ein längerer Artikel erschienen. Da war ich schon nicht mehr in jener Druckerei beschäftigt, in der ich einer ebenfalls „gewissen" Beate Heisel begegnet war – eine Begegnung, die nicht ohne Folgen bleiben sollte.
Denn im Jahre 2007 sahen wir uns plötzlich beim New-Orleans-Festival im Magdeburger Herrenkrug wieder, es funkte gewaltig, so dass dieses Rendezvous 15 Jahre später in eine Hochzeit mündete. Durch Beate lernte ich seinerzeit den Helmut Biedermann persönlich kennen, denn er war einmal mit Beates Schwester Birgit zusammen. Die Nähe zur Familie hatte sich erhalten, und so konnte sich auch zwischen Helmut und mir eine Freundschaft entwickeln, deren Basis sowohl fachlich als auch menschlich funktionierte.
Nun, nach einigen Jahren, bot mir Helmut dann plötzlich an, die Laudatio für eine neue Ausstellung in Magdeburg sowohl schreiben als auch halten zu dürfen. Das hat mich verdammt verblüfft, überrascht und riesig gefreut. Und geehrt. So hielt ich diese sechs Seiten lange Rede tatsächlich am 9. September 2022 zur Vernissage der Ausstellung „Wider den Krieg" in der Buckauer Galerie im Engpass. Zu meiner Freude auch in Anwesenheit von Beate und meines Sohnes Max mit seiner Freundin Julia. Viel Beifall kam vom Auditorium, darunter auch von Helmuts Bruder Hans und weiteren Künstlern. Besonders von Helmut selbst, der mich innig an sein Herz drückte und mir einen farbenfrohen Siebdruck schenkte. Und Beate und mir, weil wir gerade geheiratet hatten, öffentlich eine rote Rose überreichte. Es war ein unvergessliches Erlebnis.

MONDRIAN

Eines Tages kam ich auf die Idee, unsere Gartenhaustür außen mit einem Motiv des niederländischen De-Stil-Malers Piet Mondrian zu versehen, zu verschönern. Die bunten Gevierte, die man kennt. So habe ich einen Entwurf entwickelt, der zu den Maßen der Tür passte und Mondrian unübersehbar zitieren sollte. Es war eine ziemlich langwierige und gar nicht so leichte Arbeit, das Ganze dann mit Lackfarben auf die Tür zu übertragen. Es gelang und die farbenfrohe Tür erfreut uns immer wieder, wenn wir den Garten betreten.

Später besuchte ich in Den Haag auch noch das großartige Mondrian-Gemeente-Museum, und die Motive zieren viele Hausfassaden in der ganzen Stadt, was ich gar nicht wusste. Die hatten also die gleiche Idee umgesetzt wie ich in Magdeburg. Aber das Schönste sollte noch kommen:
In Magdeburg schrieb die Presse einen Wettbewerb zur Gestaltung der historischen Hubbrücke über die Elbe aus. Dahinter standen die Stadt und der Besitzer der Brücke, ein Investor. Ich beteiligte mich und schlug ein Mondrian-Motiv vor, sozusagen die erste Mondrianbrücke der Welt. Ich habe das ausführlich begründet. Magdeburg hat eine echte Tradition mit mutiger, farbenfroher, verrückter Fassadengestaltung und Architektur, was auf die Neue Sachlichkeit/Bauhausidee in den 20er Jahren zurückging. Ein Mondrian würde dem 1:1 entsprechen, wäre freundlich, ein echter Hingucker und er würde ideologiefrei sein, und deshalb frei von jedem interpretierbar. Die Brücke würde keinen von irgendetwas überzeugen wollen, sondern einfach nur schön sein und Fröhlichkeit ausstrahlen.
Das überzeugte die Juroren und ich gewann den Wettbewerb. Eines Tages rief mich der Volksstimme-Redakteur an und teilte mir das mit, es folgten mehrere Zeitungsartikel darüber. Sogar der ehemalige Oberbürgermeister Dr. Polte und der Kulturstaatssekretär Dr. Schellenberger waren von meiner Idee sehr angetan. Wegen der ziemlich hohen, wohl 6stelligen Kosten ist das Projekt allerdings bis heute versandet. Offener Ausgang.

KOERNER

Prof. Ernst Eugen Koerner war ein bedeutender deutscher Landschaftsmaler der zweiten Hälfte des 19. Jahrhunderts, der auch längere Zeit die spektakulären archäologischen Ausgrabungen dieser Zeit in Ägypten künstlerisch dokumentierte. So begleitete und malte er zum Beispiel die Arbeiten der Entdeckung und Restaurierung des Grabes der legendären Pharaonin Hatschepsut. Ihr unvergleichlich schönes Antlitz kann man anhand von originalen granitenen Skulpturen im weltberühmten Ägyptischen Museum in Berlin bewundern. Eines, wenn nicht das bedeutendste Ausgrabungsgemälde Koerners dieses Königinnengrabs der wunderbaren Hatschepsut hatte vor etwa 100 Jahren der damalige Kurbetrieb

von Bad Salzelmen in Schönebeck erworben, wo es dann lange Zeit im Großen Kurhaus zu bewundern war. Nach der politischen Wende 1989 wurde das großformatige Werk irgendwann abgehängt und im dortigen Stadtarchiv deponiert, wo es in einen Dornröschenschlaf fiel. Erst etwa 20 Jahre nach der Wende entschloss sich die Stadt, sich dieses Schatzes bewusst zu werden. Mit dem kümmerlichen Ergebnis, es schnöde zu verkaufen.
Ich war dort seinerzeit Pressesprecher und hatte mich zunächst gegen einen Verkauf eines solchen prächtigen Kulturguts ausgesprochen. Aber der Stadtrat entschied anders. Man hatte keine „Verwendung“ und die Stadtkasse war leer. Trotzdem gab es ein wunderbares Finale dieser Geschichte. So kam es, dass der Enkel des Künstlers, ebenfalls seines Zeichens ein Prof. Ernst Koerner und ebenfalls aus Berlin, das Bild schließlich erwarb. Ich konnte diese Gespräche, Führungen und die Kontakte mit dem geschätzten Manne ein wenig begleiten und hatte auch die Pressearbeit sowie die Fotografie-Arbeit übernommen. Koerner jr. jr. hatte das gewaltige und hochinteressante Gemälde nicht aus Eigennutz gekauft, denn es hängt heute ebenfalls im Ägyptischen Museum auf der Museumsinsel in Berlin. Japaner, Amerikaner und Kulturbegeisterte aus aller Welt bewundern es nun. Ein Quäntchen habe ich dazu beigetragen.

KIESER

Prof. Günther Kieser darf neben Klaus Staeck als bedeutendster deutscher Plakatkünstler des 20. Jahrhunderts gelten. Er ist unter anderem im Museum of Modern Art in New York vertreten. Besonders seine Plakate zu den großen westdeutschen Jazzkonzerten und Festivals sind bleibende und beeindruckende Zeitzeugnisse angewandter Kunst. Als ich in der Wendezeit an einem Preisausschreiben teilnahm, in dem es um Bildende Kunst ging, hatte ich das große Glück, einen der Preise zu gewinnen:
Eine kostbare und zugleich wunderschöne Serigraphie „Mäzen & Muse“, 290/500 vom Künstler handsigniert. Serigraphie ist ein anderes Wort für Siebdruck. Das Werk entstand während der Römerberg-Gespräche 1985. Dazu erhielt ich einen repräsentativen Band „Das zweite Gesicht“ im A 3-Format, welches herausragende Plakate Kiesers in großformatigen

Farbdrucken zeigt. Neben den Jazz-Plakaten unter anderen auch das berühmte Friedensplakat, welches einen in eine weiße Taube übergehenden Totenschädel zeigt. Hochaktuell, wie ich beim Schreiben dieser Erinnerungen im Oktober 2022 feststellen musste!

HENKE

Bodo Henke ist ein eher unbekannter, betagter Maler und Holzbildhauer und lebt in Brandenburg an der Havel. Dass ich ihn kennenlernte, habe ich Helmut Biedermann zu verdanken. Denn ich erzählte diesem in Neutrebbin Anfang 2022, dass ich ein Treffen meiner Abiturklasse von 1974 in Parey plane und in diesem Rahmen vielleicht unserer legendären, aber bereits verstorbenen Lehrerin Frl. Dr. Dr. Anneluise Stiebens ein spätes kleines Denkmal zu ihrer Würdigung und Erinnerung setzen wolle. Ich dachte an eine Skulptur, die man dem Genthiner Gymnasium später schenken könnte, und suchte nun nach einem Künstler, der diese anfertigen müsste.
Helmut half mir und sagte, dass im Hause seines Bruders Hans in Brandenburg in der ersten Etage ein talentierter Holzschnitzer wohne, den man fragen könnte. Ich fragte nun per E-Mail an und bekam zunächst eine Absage. Porträts seien nicht seine Sache, so Bodo Henke, zu schwierig auch, denn ich hatte nur ein verwaschenes, winziges Schwarzweiß-Foto von „Muttchen“ zur Hand. Aber nach mehrmaligem Bitten und dem Hinweis, es komme nicht auf ein 1:1-Porträt an, sagte der Mann schließlich ja. Als ich dann später nach Brandenburg fuhr, um die Ergebnisse zu sichten, fiel ich beinahe aus dem Sessel. Henke hatte sage und schreibe sieben Entwürfe angefertigt, alle beachtlich. Nummer sieben jedoch ließ mich begeistert ausrufen: „Das ist sie!“ Er hatte es wunderbar hinbekommen. Nun also folgte nur noch die Vorstellung des Werkes vor meiner Schulklasse auf dem Pareyer Mühlenfloß und alle waren sehr angetan. Dies spiegelte sich auch im Inhalt meiner hingestellten Sammelbüchse wider, denn Herr Henke sollte für seine Mühen nicht leer ausgehen. So konnte ich ihm am 24. September ein schönes Sümmchen überreichen und dann am selben Tage zum Gymnasium fahren, wohin mich meine Klassenkameradinnen Annette und Sabine begleiteten. Nach einen unvergesslichen Auftritt des Schulchores in der Aula überreichte ich die Skulptur, welche ich auf einen granitenen Sockel gesetzt und mit

erläuternden Schildern versehen hatte, nun der Leiterin Oberstufe Frau Bach. Diese Übergabe und meine Rede mit kleinen Anekdoten über „Muttchen“ erhielten jede Menge Beifall des erschienenen Fördervereins und auch die Volksstimme berichtete ausführlich in Wort und Bild.

VERMEER

Fast abschließend noch eine kleine, wenn auch eher passive Geschichte. Heute kennt jedermann das berühmte Vermeer-Gemälde des „Mädchens mit dem Perlenohrring“, nicht zuletzt, weil es einen Hollywood-Film mit Scarlett Johannson darüber gab. Mich hatte das Werk schon etwas länger begeistert, und es sollte dann einen wundersamen Zufall geben.
2013 war ich mit Beate in den USA. Wir wollten dort sowohl unsere Freunde Charles und Joni aus Texas treffen als auch meinen Sohn Hans-Henning, der im Silicon Valley nahe San Francisco arbeitete. Beide Begegnungen waren unvergesslich. Alles begann mit Eiswind am Michigansee in Chicago, aber dann: Mit den Walpoles entdeckten wir Memphis/Tennessee und fuhren den Delta-Blues-Trail am Mississippi entlang sowie durch Arkansas. In Kalifornien zeigte uns Henning u.a. die Gefängnisinsel Alcatraz und die Golden Gate Bridge, bevor wir noch einen Abstecher in den Yosemiti National Park unternahmen.
Als wir in San Francisco einmal durch einen Park spazierten, stach uns plötzlich ein Plakat mit einem Gemälde von Jan Vermeer van Delft ins Auge: Das Mädchen mit dem Perlenohrring! Der Zufall wollte es, dass das dortige Kunstmuseum de Young gerade niederländische Meister als Leihgaben des Mauritshuises von Den Haag zeigte, darunter das berühmte Mädchen. Welch ein Riesenglück! Wir konnten das Original und weitere Meisterwerke in Augenschein nehmen und besuchten selbstverständlich diese spektakuläre Sonderausstellung. Später habe ich das Mauritshuis in Holland dann auch noch persönlich besucht und konnte meine Eindrücke weiter vertiefen. Das Plakat aus San Francisco hängt noch heute in unserem Wohnzimmer. Mit meinem Bruder René habe ich stundenlang über das Bild diskutiert.

HALFAS

Nicht unerwähnt darf in der Aufzählung mein in Köln mit seiner Claudia lebender Freund Olaf Halfas bleiben, auch wenn er kein professioneller Künstler ist. Die Erwähnung hat im Wesentlichen zwei Gründe. Denn erstens habe ich mit ihm immer wieder gewinnbringende Wanderungen erleben und ebensolche Gespräche führen können, die mich weiter für die Kunst sensibilisierten, mir viel Freude bereiteten, Entdeckungen möglich machten und manchmal in kleinere künstlerische Projekte mündeten.
Dies war so, weil Olaf sowohl über dieses Verständnis und den Blick für Potenziale als auch über das nötige Quäntchen „parallelen" Humor verfügt, halbabsurde Ideen konsequent in die Tat umzusetzen. Die „Vernissage" meines Garten-Mondrians mit Beate und unserer geschätzten Freundin Astrid oder die Identifizierung eines absonderlichen Bootswracks der Elbauen als Kunstobjekt gehören beispielsweise dazu.
Zweitens aber verfügt er zudem selbst über ein solides Machertalent, welches ihn in Köln wunderbare Materialbilder, farbenfrohe Collagen und skurrile Skulpturen erschaffen ließ, darunter ein herzerfrischendes Porträt seiner Frau Claudia mit Hund. Man kann sich glücklich schätzen, einen solch wachen und kreativen Freund und Begleiter zu haben. Damit meine ich nicht den Hund.

DIE FANTASTISCHEN DREI

Parey war kein gewöhnliches Dorf. Wir hatten die größte Mordrate weit und breit (von einem wird in diesem Buch noch berichtet), aber auch viele helle, kulturell ambitionierte Köpfe und ein lebendiges Jugendleben. Der Gitarrist Gisbert Piatkowski zum Beispiel (Renft, Modern Soul), heute einer der besten der Bundesrepublik, verdiente sich beim „Jugendtanz" im berüchtigten Pareyer HO-Saal mit den Matadoren seine ersten Sporen. Reimt sich sogar. Seine Jimi-Hendrix-Interpretationen waren schon damals 1:1 und sind bis heute unerreicht.
Und dann hatten wir drei 16-jährige Jungen, die alle in ein und derselben Schulklasse lernten. Das waren Pesel (Henry G.), Frox (Klaus H.) und Bartman (Jürgen F.), sie nannten sich selbst jedoch Frans Hals, Jan Vermeer und Rembrandt. Das taten sie nicht von ungefähr, denn alle drei verfügten über ein solch außergewöhnliches Maltalent, dass sie ihre Vorbilder schon als Jugendliche verblüffend perfekt in Öl kopierten. Unvergessen.

Pesel zum Beispiel malte „Eine Laute spielender Narr“ von Frans Hals. Einzig Bartman aber ist später künstlerisch öffentlich tätig geworden.

Erinnerung an Caspar David

Im Nebelmeer der Wanderer,
er möcht darnieder sinken.
Und schöpfend wie kein anderer
will er den Nebel trinken.

Zu spülen die Gespinste fort:
Der freie Geist, er triefe.
Nicht mehr ganz hier und noch nicht dort
- so ahnend eine Tiefe.

3. Frau Schröpel oder Die psychologische Aster

Ich bin gerade 67 und hatte neulich gegebenen Anlass, mich wieder einmal an meine Kindheit zu erinnern. Ich war damals so ungefähr 12. In unserer Haushälfte in Parey an der Elbe wohnten vier Familien, darunter eine gewisse Frau Schröpel. Ich habe den Namen geändert, denn es wird hier gleich ziemlich persönlich zugehen. Naja kurzum, wir Jungs konnten sie jedenfalls überhaupt nicht leiden. Denn Frau Schröpel meckerte tagein, tagaus mit uns herum: „Haltet bitte die Haustür geschlossen!“, „Tretet Euch die Füße ab!“, „Hier ist frisch gewischt, müsst Ihr da jetzt schon rüber latschen?!“, „Die Fahrräder gehören nicht ans Haus gelehnt!“ und dergleichen.

Obwohl all ihre Mahnungen und Befehle im Grunde nichts Besonderes darstellten und aus heutiger Rück-Sicht sogar verständlich waren, machte der schroffe Ton auch damals schon die Musik. Denn er ärgerte und piesackte uns. Da war einfach zu viel Schneekönigin und zu wenig Mary Poppins. Als wir einmal beim Fußball versehentlich ihre Kellerfensterscheiben zertrümmerten, gab sie uns die Kugel nicht zurück. Das war unverzeihlich. Deshalb wollten wir Rache nehmen und heckten etwas aus:

Auf dem Wäscheboden hing immer ihr Klammerbeutel aus Leinen an den solchen. Er war mit einer hübschen Enzianblüte bestickt. Diesen Beutel nahmen mein Freund und ich nach der Konfiszierung des Fußballs kurzerhand heimlich herunter, legten ihn auf den Boden der Tatsachen und öffneten ihn. Was dann folgte, ist nicht ganz stubenrein im Wortsinne. Denn wir pieselten einfach gemeinsam und wortlos hinein. So, das hatte sie nun davon!

Stolzbrüstig fühlten wir uns, als seien wir nicht mit dem Klammerbeutel gepudert. Es muss einfach ungeheuerlich gestunken haben, als sie das corpus delicti später entdeckte. Oder sie fasste sogar wie gewohnt hinein... Allein die Vorstellung davon bereitete uns ungemeine, nein, gemeine Freude. Was folgte, muss ich hier nicht durchdeklinieren, nur soviel: Mein Vater war alles andere als begeistert...

Warum ich diese ziemlich alltägliche Geschichte von Frau

Schröpel hier erzähle? Weil ich vor kurzem einmal aus Verlegenheit Blumen im Supermarkt kaufte. Ich hatte kaum Auswahl, nahm also kurzerhand ausnahmsweise die Astern, die ich eigentlich überhaupt nicht leiden konnte. Deshalb nicht, weil Frau Schröpel einst ihren Garten voller Astern hatte. Das war offenbar ihre Lieblingsblume, die mich immerzu in Richtung Kinderzimmerfenster anlächelte. Und die ich deshalb seit rund 40 Jahren verachtete. Sie galt mir als unterste Schublade der Floristik, als ordinärer Auswuchs des Spießertums. Blöde Astern!

Doch nun? Können Astern eigentlich blöd sein? Nun denn: Dieser Asternstrauß des Jahres 2021 hielt länger als alle anderen je von mir gekauften Blumen, weit über drei Wochen. In einem seltsamen Augenblick, den ich auch nicht so recht einordnen konnte, gefielen mir diese dankenswerten Blumen plötzlich sogar! Unglaublich. 40 Jahre lang habe ich ein verrücktes Vorurteil gehabt. Mehr noch, ein echtes Ressentiment. Was ja auch die Abwertung von irgendjemand oder irgendetwas aus eigener Schwäche heraus bedeutet.

Denn was konnte denn eigentlich die beschauliche Aster dafür, dass sie im Garten von Frau Schröpel stand und dass diese sie pflegte und mochte? Ich habe also meinen damaligen Groll auf diese Frau gleich auf völlig unschuldige Blumen projiziert, und diese komische Antipathie hielt sich tatsächlich bis ins Rentenalter. Das ist doch wirklich ziemlich dumm. Nicht von Frau Schröpel, sondern von mir. Von nun an werde ich öfter einmal Astern kaufen.

Hinter der Siedlung

Über den stillen Weiher
im nebligen Morgenlicht
zieht ein schneeweißer Reiher.
Wohin aber, weiß ich nicht.

Kaum da und schon verschwunden -
voll Sehnsucht schau ich ihm nach.
Möcht er mir wohl bekunden,
ich sei noch nicht ganz wach?

Dem leise rauschenden Ried
mit dampfendem Reif zu Tau
noch solch ein Vogel entflieht:
Es ist seine Silberfrau.

(2020)

4. Napoleon Bonaparte „hautnah“

Seltsamerweise gab es gleich zwei persönliche Begegnungen mit dem Namen des berühmten französischen Kaisers in meinem Leben: Im Alter von etwa zwölf Jahren zeigte mir mein Großvater Hans Wannewitz einmal die Burg Düben in Sachsen, deren Heimatmuseum so wie auch die Bergung und Ausstellung der letzten deutschen Schiffsmühle an der Mulde unter anderen seine Handschrift trug.

Die Burg im heutigen Bad Düben war der letzte Befehlsstand von Napoleon Bonaparte vor der großen Völkerschlacht bei Leipzig im Jahre 1813. In jenem dramatischen Oktober entschied er sich hier, seine Truppen in Richtung Süden in Marsch zu setzen, in den großen Kampf.

Die Ungewissheit bis zu dieser schweren Entscheidung ließ ihn seinerzeit über die „schlimmsten Momente meines Lebens“ sprechen. Den originalen Stuhl des Korsen mit seiner lederbespannten Sitzfläche hatten die Dübener über alle Wirren für die Jetztzeit bewahrt und im Museum aufgestellt. Allerdings war er mit allerlei Seilen nebst Kordeln abgesichert, so dass niemand diesen „auswärtigen Thron“ berühren oder gar nutzen sollte. Mein Opa hob diese Regel jedoch kurzerhand für mich auf, und ich durfte mich auf den eher unheiligen Stuhl setzen. Ich tat dies dann mit ziemlichem Unwissen der Geschichte, einer kleinen Unsicherheit, aber nicht ohne einen gewissen Stolz: „Napoleon!“

Viele Jahre später, schon jenseits meines 35. Lebensjahres, hatte die friedliche Revolution stattgefunden und man konnte plötzlich in die Welt reisen. Ganz ohne den Namen des Imperators im Hinterkopf kam mir damals die französische Insel Korsika als eher ungewöhnliches und attraktives Reiseziel vor Augen, und nach einem Urlaub in Bonifacio und Propriano mit Evelyn und unserem Söhnchen Max sollten sich die Korsika-Aufenthalte von da an häufen. Sie heißt schließlich nicht von ungefähr „Ile Beauté“ – die schöne Insel.

Irgendwann fand auch meine spätere Frau Beate an Beauté Gefallen und wir mieteten uns in das Nebengelass eines uralten

Landhauses am Fuße der wunderschönen Berge bei Calvi im Nordwesten der Insel ein. Von Calvi aus hatte sich seinerzeit der Dichter des „Kleinen Prinzen“ – Antoine de Exupéry – zu seinem Todesflug in Richtung Marseille aufgemacht. Das Landhaus indessen gehörte einst, wie wir überrascht erfuhren, keinem epischen, sondern einem tatsächlichen Prinzen als ländliches Nebengelass:

Pierre de Bonaparte, einem Großneffen Napoleons. Diesem Kaiser diente Prinz Pierre zeitlebens treu und reiste ihm beständig hinterher, ohne jedoch auch nur die geringste Beachtung durch ihn zu finden. 1870 erschoss Pierre schließlich in Paris bei einem Streit in einem Bistro „in Notwehr“, wie es ein Gericht feststellte, den Journalisten Victor Noir. In einem Streit war es um die Ehre der Familie Bonaparte gegangen.

Zehntausende Franzosen betrauerten seinerzeit Noirs Tod als Verteidiger der Republik. Er liegt seither als horizontale Bronzeplastik auf einem Pariser Friedhof. Das Fruchtbarkeit versprechende Berühren ihrer deutlichen Heraushebung im Lendenbereich als „Frankreichs bestes Stück“ durch junge Französinnen hat es inzwischen hinreichend blankgeputzt.

Pierre de Bonaparte hatte ein großes, burgartiges Anwesen an der westlichen Küste Korsikas, dessen Ruinen ich vor Kurzem besuchen konnte. Das immer noch von korsisch-bäuerlicher Schlichtheit geprägte Landgut, in dem wir übernachteten, besuchte er wohl nur selten als Refugium. Aber als ich dort im verwilderten Garten einen uralten, schweren, gusseisernen Schlüssel fand, der längst in kein Schloss mehr passte, bildete ich mir ein, dass einst Pierre de Bonaparte ihn in der Hand hielt, um in seinen Weinkeller zu gelangen.

Dämmerung

Der Wind legt sich ins Bett der Felder
Von Wolken halb der Mond verhangen
Nur schwarze Streifen noch die Wälder
Und funkelnd erste Sterne prangen

Ein wages Nass dringt in die Kühle
Ein letzter Vogel huscht durch Zweige
Das Innehalten weckt Gefühle
Mit ihnen geht der Tag zur Neige

Kaum war das Heute noch geboren
In seinem wechselhaften Lichte
Scheint es schon wieder fast verloren
Doch dabei schreibt es die Geschichte

Die blaue Stunde füllt ein Schweigen
Der Tag erscheint als leise Mahnung
Doch ewig schön ist dieser Reigen
Beschenkt uns immerfort mit Ahnung

(2021)

5. Laudatio zur Ausstellung „Wider den Krieg“ in Magdeburg am 9.09.2022

Vorbemerkung

Ich habe in meinem beruflichen Leben und danach neben ungezählten Presseartikeln, darunter vielen Glossen, auch eine Vielzahl Grußworte, Vorworte, Buchbeiträge und vor allem Reden geschrieben. Als Beispiel erscheint hier meine Festrede zur oben genannten Kunstausstellung von Helmut Biedermann, für die er mir spontan herzlich dankte und die Rede später in einem Brief brillant nannte. Sie wurde auch in einem Ausstellungskatalog öffentlich gemacht:

Sehr geehrter Helmut Biedermann,
lieber Helmut,
liebe Freunde,
meine sehr geehrten Damen und Herren,

mein Name ist Hans-Peter Wannewitz. Ich bin mit dem Künstler befreundet. Helmut hat mir das Vertrauen geschenkt, heute hier zu Ihnen sprechen zu dürfen.
Nun also: Es ist mir eine Ehre und gewisse Freude zugleich, heute anlässlich dieser Ausstellung einige Worte an Sie richten zu können. Helmut, ich danke Dir dafür auch an dieser Stelle. Aber es ist eben nicht nur Ehre und Freude, denn der Impuls für den heutigen Anlass ging vom dunklen Datum des 24. Februar dieses Jahres aus. Wir wissen es alle: Das war, als in Europa ein neuer Krieg ausbrach.
Und der 82-jährige Künstler Helmut Biedermann sich erneut am Schopfe **und** die Pinsel aus- packte – einfach, weil er es tun musste. Aber dazu später.
Verehrte Anwesende, irritiert Sie dieser eben geschilderte, abrupte Übergang vom Schreckensszenario zum friedlichen Pinselauspacken dieses inzwischen älteren – und doch noch so jungen Mannes?
Wenn ja, dann zurecht. Vielmehr - hoffentlich sind <u>viele</u> unter Ihnen, die dieses Unwohlsein jetzt und heute und hier empfinden. Ich hoffe, Sie fühlen sich eben <u>nicht</u> so recht wohl in Ihrer Haut. Ein wenig unbehaglich.
Wenn dies so ist, dann es ist exakt jene Irritation, die auch Theodor Adorno befiel, als er so ziemlich unmittelbar nach dem

Holocaust jene humanistisch streitbaren Zeilen schrieb, dass nach Auschwitz ein Gedicht zu schreiben „barbarisch“ sei. Es hieß, er hätte gesagt, man könne danach kein Gedicht mehr schreiben. Und wir wissen, dass ein Gedicht zu schreiben hier auch ein Lied zu komponieren oder ein Bild zu malen bedeutete.
Ich muss einräumen, dass ich als junger Mensch in den frühen Siebzigern große Sympathie für dieses Zitat empfand, immerhin hatte ich gerade Buchenwald, Oranienburg und Ravensbrück besucht. Und hatte mir schon immer gewünscht, mehr Menschen empfänden so wie ich.
Aber was geschah schließlich? ... Schon kurze Zeit später versuchte ich mich selbst an ersten Gedichtversuchen und noch viel früher als ich hatte ein gewisser Helmut Biedermann seine ersten Werke gezeichnet, gemalt.
Er, der da schon längst, schon viel früher durch die Ruinen von Dresden geschritten war, und der als Kind nach Granateinschlag schon des eigenen Hausdaches **Bersten** erlebte:
Dieser Mann war längst *trotz alledem* von der Kunst der ersten Hälfte des 20. Jahrhunderts begeistert, so wie übrigens sein Zwillingsbruder Hans ebenso.
Diese Traumata sollten Helmut jedenfalls immer und bis heute begleiten und einer der Gründe für die heutige Ausstellung darstellen.
Die beiden begannen, „für das Leben“ zu malen, sich diesem Leben und den es abbildenden **Menschen** zuzuwenden, nach vorn zu schauen. Was Helmut damals schuf, war pure Farbenfreude, war echte Lebensfreude. Was sagt uns das und so vieles Ähnliches?
Adornos Analyse war vielleicht der edelmütigste, rechtschaffenste, aus tiefster innerer Humanität generierte und vielleicht auch einer der stärksten Reflexe, die es je über Kriege gab.
Aber er war ein Irrtum. Adorno irrte. Es war vielleicht einer der traurigsten, aber auch ehrbarsten Irrtümer der Kulturgeschichte. Die somit bestehende Tragik dieses Irrtums sollte uns allen innewohnen, meine Damen und Herren!
Warum sollte sie das? Nun, wir lesen es zunächst als bloße Nachricht, hier des Magazins „Der Spiegel“ über den Ukrainekrieg, Zitat: „Eine Rakete trifft eine junge Frau und ihr Baby. Eine Nachwuchssportlerin wird von Trümmern erschlagen. Eine Holocaust-Überlebende erfriert im Luftschutzkeller.“ Ende des Zitats.

Diese Tatsachen lassen den Gedanken entstehen: Wie weit oder wie nah ist es von den Ruinen in Cherkiw und Mariupol bis in **Magdeburger Galerieräume**? Diese fiktive Frage generiert zunächst ein Schweigen. Denn der Gedanke und die Frage stehen im Raum. Wie verhalten wir uns zu den Schrecknissen hinter nur zwei Landesgrenzen?

Unsere westeuropäischen Schultern empfinden diese unsichtbare Last, die zu spüren allerdings nicht jedermanns Sache ist. Es ist eine auf unseren Schultern liegende, wie ein bleierner Klotz drückende Bürde. Aber vielleicht sind es gerade die schwer Belasteten in der Ukraine, die uns diese viel leichtere Last wegnehmen und mit unsichtbaren Händen auffangen.

Womit und wie tun sie das?

Mit ihrer Menschenwürde. Man muss kein Anbeter der bundesrepublikanischen Verfassung sein, schon gar nicht als Ostdeutscher, aber dieser **eine** Satz, dass die Würde des Menschen eben unantastbar ist, darf wohl doch großartig genannt werden. **Dieser Satz ist fulminant und fundamental. Wie in Stein gemeißelt.**

Vielleicht hätten die amerikanischen Voyager-Raumsonden neben Chuck Berrys „Johnny b. Goode“ auch diesen einen Satz mit in die universelle Ewigkeit nehmen sollen. Denn beide kulturellen Äußerungen sollten wohl als unsterblich gelten.

Liebe Gäste, immer wieder aber nehmen Kriegstreiber den Menschen nicht nur diese Würde, sondern viel zu oft eben auch und noch dazu ihr Leben selbst. Wozu sind Kriege da, fragte ein Kind bei Udo Lindenberg.

Und die großen Altvorderen wie Francesco Goya, Pablo Picasso und Otto Dix, den Helmut Biedermann als Student noch persönlich traf, widmeten sich dem dunklen Thema. So, wie jetzt wieder unser Helmut Biedermann.

Als ich diese Laudatio schrieb, kam mir ein Erlebnis meines Vaters in Erinnerung, der nach dem Vietnam-Krieg zweieinhalb Jahre lang half, eine Stadt in Mittelvietnam wiederaufzubauen. Die Stadt Vinh.

Als er wieder einmal über Moskau nach Hanoi flog, saß er im Flugzeug plötzlich neben einem Mann, der ihm einen Wodka anbot. Das war 1978. Sie kamen über Krieg und Frieden ins Erzählen. Dieser Herr stellte sich dann als jener Mann heraus, der 17 Jahre zuvor diese Zeilen geschrieben hatte:

Meinst du, die Russen wollen Krieg?

Ja, es war Jewgeni Jewtuschenko. Wenn er wohl wüsste, dass diese Frage heute nun wieder im Raume steht.
Liebe Freunde, ich bin fest davon überzeugt, dass es nicht nur die Banalität des Bösen gibt, sondern auch eine gewisse Banalität des Guten. Das Gute kann auch bestechend einfach, mit schlichtester Stärke und kristallklar fassbar daherkommen. **Helmut Biedermann,** und nun komme ich zum Thema dieser Ausstellung, hat genau in diesem Sinne seine eigene Antwort auf dieses immer wiederkehrende Dilemma, und er gibt die Antwort mit Jean Cockteau: „Ein Künstler, der zurückweicht, verrät keine Sache. Er verrät sich selbst." Genau deshalb sind wir heute hier. Und so zeigt er ab heute Werke „Wider den Krieg".
Jemand, der sich dieses cockteausche Zitat ernsthaft zu eigen macht wie der Helmut, es verinnerlicht, der scheint aus einem Holze geschnitzt, welches man nur mit Mühe verbiegen kann, und wenn, dann jedenfalls nicht an den gehärteten Astlöchern, namentlich an den **Narben** also des Erlebten. Diese Narben bleiben und wollen immer wieder reflektiert werden.
Der Neutrebbiner und langjährige Magdeburger zeigt und schuf diese heutigen Arbeiten **aus sich** heraus, weil er es musste. So ist es eben kein bloßes, plakatives Einreihen in den weltweiten Chor der – **zurecht** – Empörten. Nein, seine eigenen Traumata und die aktuellen Ereignisse haben ein Aufbegehren, einen Wider-Stand entwickelt, der ge- und entäußert werden musste.

Es handelt sich um einen von künstlerischer Redlichkeit geprägten Aufschrei.

Aus dem abermaligen Wieder **des** Krieges mit **langem** i wird ein Wider **den** Krieg mit **kurzem** i.

Biedermann zeigt nicht den Krieg als solchen mit seinen echten und falschen Helden, Kampfhandlungen oder gar den Kriegstreibern. Nein, er zeigt uns hier die andere Seite jener Medaille, die den sich Dahinmetzelnden von feiner gekleideten Männern um den Hals gehängt wird, im Kampfe noch oder gar posthum. Der Maler zeigt also vielmehr das, was ein Krieg **an**richtet.
Er schrieb mir in einer nun schon viele Monate währenden,

handschriftlichen Korrespondenz, Zitat: „Ich male keine Kriegsbilder, da ich selber nie im Krieg war. Ich male das Grauen, was der Krieg hinterlässt. Und unsere – meine – Befindlichkeiten.“ Und er fügte – sozusagen etwas leiser – hinzu, Zitat: „Ich weiß und wusste immer, dass die Welt nicht frei von Elend und Krieg ist. Aber für Europa hatte ich die Hoffnung, dass wir es im Wesentlichen geschafft haben.“ Zitat Ende.

Wieviel Erschütterung, Enttäuschung, Verzweiflung liegt in diesem Satz?

Wir haben es eben **nicht** geschafft. Jener Maler, der einmal ein wunderbares Bild der weißen Nächte von Leningrad schuf, muss heute die schwarzen Tage von Butscha, Odessa oder Saporischja sehen. Und er konnte und kann es nicht beim Sehen belassen.
Er und wir blicken fassungslos auf die **Fragilität unseres Daseins. Auf das immer und ewig Zerbrechliche.**
Schon der Vater der Geschichtsschreibung Herodot formulierte den Zusammenhang von „Rauch, Asche und Fabel.“ Im zweiten Jahrhundert griff Marc Aurel diese Worte auf und schrieb: „Wo ist alles hin? Rauch, Asche und Fabel. Oder vielleicht nicht einmal mehr Fabel.“ Fragte er.
Ganz in diesem Herodotschen Sinne äußert sich nun im 21. Jahrhundert der Künstler Helmut Biedermann im Oderbruch, und er zeigt diese in Bilder gefassten Äußerungen hier an der Elbe in Magdeburg. Hier in Buckau. **Jetzt**.

Verehrte Anwesende,

es gibt einen schon vielfach vergessenen Schriftsteller aus Hamburg, der als kriegsversehrter Soldat nach dem Kriege in seine zerstörte Heimatstadt zurückkehrte und ebenfalls etwas aus sich herauspresste, bevor er kurze Zeit später an den Folgen seiner Verletzung sterben sollte:

Wolfgang Borchert schrieb „Draußen vor der Tür“ und Erzählungen wie die „Hundeblume“. Die Kraft seiner Sprache aus dem Geschehenen, aus sich selbst heraus hat etwas derart Unmittelbares, Wahrhaftiges, zutiefst Menschliches, dass sie meine jugendlichen Schultern einst darnieder drückten und trotzdem leichter machten.

Warum sage ich das hier? Weil mich die Kraft dieses **literarischen** Ausdrucks an den **künstlerischen** Ausdruck eines der heute hier von Helmut gezeigten Werke erinnert.
Denn da fand in einer Erzählung Borcherts zu später Stunde ein Mann einen fremden, einsamen Jungen in den Ruinen. Dieser bewachte die Stelle, an der sein toter Bruder unter den Trümmern lag, um diesen vor **Ratten** zu beschützen. Da sagte der Mann diesen einen Satz zu ihm, der mir noch heute bis ins tiefste Innere dringt. Bis ins Knochenmark.
Um Trost zu geben, sagte er zu dem Jungen: **„Aber nachts schlafen die Ratten doch."** Mit diesem Satz brachte er den übermüdeten Jungen von seiner Wache ab und gab ihm ein Stück verlorener Hoffnung zurück: Aber nachts schlafen die Ratten doch.

...

Ja, lieber Helmut, Du hast nur wenige Jahre später, es war 1957, ein solches Kind in den Trümmern mit schwarzer Tusche zu Papier gebracht. Die Rohrfeder-Zeichnung „Was bleibt uns danach". Das einsame Mädchen in den Kriegstrümmern, welches Fragen stellt, die von Dritten fiktiv zu formulieren bereits eine Anmaßung darstellen würde. Auch das Schweigen ist Frage genug.
Bei Borchert hat ein Mann sich eines Kindes angenommen, bei Biedermann schaut es uns an, ganz allein, mit eben diesen unausgesprochenen Fragen. Vielleicht auch, um angenommen zu werden. Vielleicht nehmen ja SIE sich dieses Kindes an, zumindest kontemplativ, verehrte Besucherinnen und Besucher.
Und wenn von der Würde des Menschen die Rede war, dann ist es selbstverständlich, dass diese nicht teilbar ist. Greise und Kinder, aber auch Ukrainer und Russen gleichermaßen einschließt. Und Vietnamesen. Und, ja vielleicht sogar Deutsche.
Dieser große utopische Kanon dieser Welt darf von der Kunst zumindest dahingehend zitiert werden, dass sie die Schwächsten, die Wehrlosesten und die Zerbrechlichsten unter uns zeigt und darstellt. Dieser Kanon steht den Dystopien dieser Welt entgegen. Einer, der die genannte **Fabel** eben zu Papier bringt. Wenn auch alles je zu Papier Gebrachte immer auch NUR eine Fabel bleiben können wird.
Liebe Gäste, vielleicht ist ja der Gesang der Kinder der Klang der Welt. Nicht nur der buchstäbliche Gesang in fröhlichen und

friedlichen Zeiten, **der ohnehin**. Aber eben auch die Melodie der Stille, der Trauer, der Klage, ganz ohne Worte und Töne.
Eines solchen kleinen Werkes von 1957 jedenfalls, liebe Gäste, hat sich der Künstler Helmut Biedermann angesichts des aktuellen Krieges dieser Tage **erinnert** und ein neues großformatiges und großartiges Werk geschaffen. Nun ist es schon fast eine junge Frau, die uns mit ihren Fragen mitten ins Gesicht, mitten ins Herz schaut. Und es gibt noch ein zweites großes Werk, welches in diesem Jahr entstand – Sie werden es nicht übersehen können.
Mit Ausnahme des kleinen Mädchens werde ich jedoch keine Bemerkungen zu den einzelnen Kunstwerken machen, denn diese sprechen für sich selbst und Sie als Betrachterinnen und Betrachter sind aufgefordert, sich selbst ein Bild zu machen. Die Ausnahme des Mädchens in den Trümmern sei mir erlaubt gewesen.
Ich habe in meiner Rede ganz bewusst auf ausführliche Schilderungen der künstlerischen Entwicklung von Helmut verzichtet. Auf sein umfangreiches Schaffen und die innere und äußere Qualität desselben. Die Ernsthaftigkeit des heutigen Themas gebot diesen Verzicht. Viele von Ihnen ist der Helmut ohnehin ausreichend bekannt. Ich bitte deshalb um Verständnis.

Sehr geehrte Damen und Herren, liebe Freunde,

ich möchte nun langsam zum Schluss kommen, nicht zuletzt, weil auch Helmut Biedermann selbst noch einige Worte an Sie richten möchte, und ich bitte Sie schon jetzt um Aufmerksamkeit für diese.
Nur noch diese kleine Begebenheit: Als ich dieser Tage wieder einmal bei Helmut in Neutrebbin war, zeigte er mir stolz die gerade am Vortag geschlüpften, fünf putzmunteren Küken im Hühnerhof. Was hier wie eine kindliche Begeisterung anmutet, war dies auch. Aber es war wohl auch ein beredter Ausdruck von Lebensfreude und von Friedfertigkeit. Triebfedern auch für seine Kunst.
Helmut hatte die Küken erst gezählt, als sie geschlüpft waren. Er folgte dem schönen englischen Wort: „Don´t count your chickens before they are hatched.“ Zähle nicht deine Küken, bevor sie geschlüpft sind. Es ist vielleicht rhetorisch nicht glücklich, eine Rede mit einem Anglizismus zu beenden, aber er bot sich einfach an. **Lobe den Tag also nicht vor dem Abend.**

Vielleicht kann dieser Imperativ sinnbildlich auch für das Thema „Wider den Krieg" stehen. Mit diesem leisen Anflug von Hoffnung, der durchaus auch in der Ausstellung zu entdecken ist, möchte ich schließen.
Die Gegenwart als Begriff bedarf offenbar einer Ergänzung. Sie steht nicht allein für die Spiegelung des Jetzt, Hier und Heute. Nein. Helmut Biedermann malt zu der Gegenwart, zum Gegenwärtigen eine WIDERWART. Das Widerwärtige. **Eine Widerwart mit kurzem i.**
Ich bedanke mich für Ihre Aufmerksamkeit und wünsche der Ausstellung viele, viele Besucherinnen und Besucher. Vielen Dank!

Nachtmusik

Die Wipfel wiegen sich im Wind.
Es scheint, als ob sie tanzen.
Und nur das himmelische Kind
schaut so auf diese Pflanzen.

Das Waldorchester spielt ein Rauschen.
Der Tanz ist dunkel, wieget schwer.
Du kannst den Kronenblättern lauschen.
Sie klingen wie das Meer.

(2012)

6. Als wir Dorfkicker plötzlich „Internationale“ wurden – im Sommer 1974

Fußball ist, sage ich mal, wenn zwischen Diesseits und Jenseits nur noch das Abseits liegt. Auch ich bin Fußballfan. Fast, seitdem ich laufen kann. Machte es wie so viele andere auch: Habe als Kind in Parey an der Elbe erstmal Kellerfensterscheiben zerballert. Mit Ronald im Neuen Weg. Später „Straße gegen Straße“ mit der Knolzkugel und Pferdeküssen die Dorfteilmeisterschaft gewonnen. Noch später sieben Jahre lang aktiv in der Mannschaft gespielt. Und unter alten Pappeln am Dorfrand trainiert.

Ein großes Fußballjahr war bekanntermaßen 1974. Da unterlief den Sportfunktionären in Magdeburg offenbar und plötzlich ein grandioser Schreibtischfehler. Es mag an der Batterie Krimsekt gelegen haben, die nach dem großartigen Europapokalsieg des 1. FCM gegen den AC Mailand in Rotterdam vielleicht auch beim DTSB in Magdeburg geleert worden sein mag. Zum internationalen Juniorenturnier nach Polen fuhr demnach aus der DDR nicht etwa wie vorgesehen der große 1. FC Magdeburg, sondern direkt vom Ackerrand nach Warschau wir Dorfhelden von Traktor-Aufbau Parey.

Und ich war dabei. Als linker Verteidiger. Rückennummer 4. Mit gelegentlichem Durchbruch als zweiter Linksaußen. Und das alles mit echter Stadionansage! Uns schlotterten ganz schön die Knie. Ronald, Norbert, Henry und wie wir alle hießen. Vielleicht hätten wir vorher einen Teller Rote-Beete-Suppe mehr essen sollen. Oder besser Jürgen Sparwasser zuschauen sollen, der da gerade im polnischen Schwarzweiß-TV das 1:0 der DDR gegen die BRD geschossen hatte. Das Tor aller Tore.

Dann im Stadion gegen das legendäre Team von Legia Warschau wollten wir es Spari nachmachen. Allerdings knallte ich das Ding zunächst erst einmal gegen die Latte. Allerdings des eigenen Tores. Meinem Trainer wuchsen die Augenbrauen bis zum Haaransatz. Aber gemeckert hat er nicht. Später verloren wir gegen die „Superstars“ tatsächlich nur 2:1, und dann gegen die nicht weniger bekannte Mannschaft von Slavia Prag auch nur 4:2.

Einer unserer Spieler war „Schorsch“, unser Bester. Der spielte später in Schönebeck sogar DDR-Liga. Nach dieser Reise konnten wir Dorfkicker jedenfalls auf zwei „internationale Spiele“ zurückblicken. Wenn das nichts ist.

Konkurrenz

Der Große Bär,
nicht irgendwer,
ist allenthalben populär.

„Warum nicht ich? AuWeia!“,
klagt darauf Cassiopeia.

(2022)

7. Warum uns ein Garten froh macht

Ein wirklich schöner Garten macht uns froh, er ist gut für das Gemüt. Er strahlt uns Freude ins Herz, bauchmiezelt Körper und Geist und weckt positive Gefühle in uns. Gleichzeitig ist ein solcher Garten ein Ort zur Schärfung und Sättigung der Sinne wie den des Fühlens, Sehens, des Hörens, des Schmeckens und des Riechens.

Er ist ein Ort der ungezwungenen Wahrnehmung und ungestörten Empfindung. Solch ein Garten macht uns gelassen, ruhig, sanft und freundlich. Und manchmal auch nachdenklich. Wenn wir den Garten loben, geraten wir ins Schwärmen.

Das ist gut so, denn das Schwärmen ist eine Tätigkeit, die verloren zu gehen droht, so wie eben auch die Begeisterungsfähigkeit. Eine Gesellschaft, die jeden erdenklichen Reiz immer und überall zur Verfügung stellt, muss sich nicht wundern, wenn die Menschen stupide, gleichgültig und übersättigt sind, wenn sich ihre Urteilsfähigkeit auf die Bewertung von schnelllebigen Verbrauchsgütern beschränkt. Ein Garten kann dazu beitragen, die Begeisterungsfähigkeit, den Sinn für Schönheit, die Fähigkeit zur Beschaulichkeit und Sinnlichkeit zurück zu gewinnen. So ist der Garten ein schöner Ort für Kontemplation.

Man kann hier lernen, das große Ganze im kleinen Detail wiederzuerkennen. Gärtner oder Gärtnerin zu sein, ist im Grunde so etwas wie der Idealberuf unseres Daseins. Immerhin gestaltet man nichts weniger als kleine Paradiese. Den Garten Eden im Kleinformat. Letztlich ist eine Blume nur die Konzentration der Schönheit der Natur, nur wohlfeiler Ausdruck des Ganzen, aller unserer Sehnsüchte und Hoffnungen. Denn eine Blume ist unschuldig.

Die Vollkommenheit einer Sonnenblume zum Beispiel strahlt mitten in unser Gemüt, ist ein Spiegel alles Schönen. Das Antlitz einer solchen Blume macht uns sehr klein und spendet uns Trost. Wenn wir traurig sind und sie uns anlacht, sind wir ihr nicht böse, sondern fangen zaghaft an zu lächeln. Wie schon Oscar Wilde feststellte, hat, wer in schönen Dingen schöne Bedeutung findet, Kultur. Wen eine Sonnenblume nicht berührt, nicht freundlicher macht, der sollte einen Arzt aufsuchen.

Malvenblüten im Gegenlicht, Hummelgeschwirr im Lavendelgewirr, blütensüße Jasminluft oder betörender Rosenduft, das Stelldichein der Rotkehlchen, Blaumeisen und Grünfinken, verklärende Licht- und Schattenspiele, das Rauschen des Blattwerks im Sommerwind, die Üppigkeit der Hortensien und Pfingstrosen, das alles durchdringende und facettenreiche Grün, die Erd- und Naturnähe, der Farben- und Blütenwechsel der Jahreszeiten - all das und noch viel mehr lässt uns die Gärten lieben.

Es ist aber wie im anderen Leben auch: Wenn etwas zu perfekt, geradlinig und sauber ist, verliert es seinen Reiz, wirkt es kalt und technisch. Makellos zu sein, muss einer Blüte vorbehalten bleiben. Ein guter Gärtner schärft den Blick des Betrachters, in dem er seine kleinen „Kunstwerke" wohl sortiert, „Pausen" einstreut. Er schafft Momente der Verblüffung, der Überraschung, der Unordnung und damit der Lässigkeit.

Die bloße Aneinanderreihung von Stauden oder Rabatten ist langweilig und schafft Überdruss. Das Auge braucht den Wechsel und freut sich über Blickpunkte und Perspektiven. Ein bloßes Farbenmeer wäre in etwa so, als würde ein Maler nur seine Farbpalette zu präsentieren. Der Garten ist der kleine Bruder des Waldes, das Tagesgrün zum Anfassen, ein Stück kultivierte und künstliche Natur. Der große deutsche Gartenkünstler August Forster aus Potsdam nannte eines seiner Bücher „Ferien vom Ach".

Reminiszenz an Angelika M.

Kein Weh und Ach,
kein Ärger, kein Krach:
Was macht uns wieder friedlich?
Ein Garten, ganz gemütlich.

8. Zähneknirschend einkaufen: „Gabi, zweite Kasse!“

Es war wie immer: Weil der Supermarkt mal wieder umgeräumt hatte und kein Personal in Sicht war, suchte ich sieben Minuten lang das Burger Knäckebrot. Mehr wollte ich gar nicht. Diesmal fand ich es schließlich zwischen Kathi´s Backzauber und Zetti-Knusperflocken. Hätte mich auch nicht gewundert, wenn es zwischen Florenacreme und Rügenfisch gelegen hätte. Oder zwischen Mühlhäuser Pflaumenmus und Bautzener Senf.

Nun eilte ich zu den Kassen, aber auch dort war alles wie immer: Mürrische Riesenschlange bis zur Gemüseauslage, und nur eine der vier Kassen besetzt. Nach einer Weile erhöhte sich der Druck auf mein köstliches Knäckebrot und der in meinem Kopf derart, dass ich nicht recht wusste, was zuerst zerbröseln würde.

Weil ich nun weiß, dass es Verkäuferinnen im Allgemeinen und Kassiererinnen im Besonderen alles andere als leicht haben, rief ich von ganz hinten höflich und bestimmt, was sich meistens keiner zu rufen traut: „Können Sie bitte eine zweite Kasse öffnen?“ Nach einem skeptisch-gedehnten Wimpernschlag erbarmte sich die Dame und rief ihrerseits: „Gabi, zweite Kasse!“ (Ich wollte jetzt nicht „Tina“ schreiben...) Nun wurde es aber wie immer spannend.

Wie bei Robert Lemke. Ja welche Kasse hätten Sie denn gern? Denn Tinas Kollegin verrät niemals, welche, und entsprechend nervös reagieren die Kunden. Gefühlte sieben Minuten vergehen. Wann renne ich wohin?! Rennen vielleicht so viele weg, dass es sich lohnt, in der alten Schlange zu bleiben? Bei mir ist das dann immer so: Renne ich zu Nummer 2, geht die neue Kassiererin zu Nummer 3 und umgekehrt.

Bleibt mir dann nur noch, abzuprüfen, an welcher Kasse die weniger vollen Wagen stehen. Und ob Tina oder Moni die Schnellere ist. Jedenfalls stehen die von ganz hinten plötzlich ganz vorne. Ein gewisser Teil ist immer gelackmeiert. Dazu zähle natürlich ich. Und aus meinem Knäckebrot an jenem Tage konnte ich Müsli machen. Also: Wieder los zum Supermarkt. Und gleich noch Fisch mitbringen.

Beim folgenden Einkauf ging es also weniger um die soziale als vielmehr um die nasale Marktwirtschaft. Auch dieser Fisch stinkt bekanntlich vom Kopfe her. Doch nicht nur in der Fischmarktwirtschaft muffeln fast alle anderen Teile noch fröhlich mit. Also Logistiker, Werbefuzzis, Großhändler, Handelsketten. Nur geht es hier darum, dass den Gestank – der aus allen Ritzen des ach so freien Marktes quillt - keiner riechen soll.

Nichtsdestoweniger ist nicht jeder Mensch wie einst Jean-Baptiste Grenouille in einen schmierigen Eimer voller herausgerissener Fischgedärme hinein geboren worden und verspürt wahrscheinlich deshalb immer wieder Appetit, sich etwas maritim Kulinarisches zwischen die Kiemen zu schieben. Was macht man? Man kauft sich ein paar leckere Fischkonserven. Neben meinem Burger Knäcke hatte ich also nunmehr erfolgreich Anchovisröllchen, Heringshappen in Zwiebelmarinade und ein Döschen mit Makrelen in Öl erworben.

Und jetzt wird's richtig spannend: Kennen Sie diesen letzten, verdammt schwierigen Moment, wenn man mit dem Finger im Ring den Deckel einer Fischbüchse hochziehen und ihn so weit wie möglich aufmachen möchte? Aber ohne dass er sich von der Dose löst? Also so gaaanz langsam? Mit äußerster Sensibilität? Denn wenn Sie diesen gewissen Augenblick verpassen, versauen oder besser verfischen, dann kann es erheblichen Ärger geben:

Denn Sie werden „angesichts“ der Makrele in Tomatensauce masernrot gepustelt dastehen und mittelfristig sehr übel riechen. Und ein weitreichender Teil Ihrer Küche ebenfalls. Und wenn Sie ziemliches Pech haben, auch noch Ihre die Szenerie beobachtende Partnerin. Denn die Alternative, die Blechbüchse vorsichtig nur halb zu öffnen, um den Fisch verlustreich aus hinterster Höhle zu pulen, um ihn brav in eine Plastikdose umzuschaufeln, haben Sie dummerweise verworfen.

Und dann wollen Sie auch noch das Experiment wagen, den Nippel durch die Lasche, Pardon, den nicht erkennbaren Zippel von der Plastikfolie hochzuziehen, der die andere Fischkonserve freilegen soll: Was in sinnloses Hauen und Stechen mündet. In einer solchen verzweifelten Situation gibt es dann nur noch zwei Möglichkeiten: Entweder Sie wähnen sich als ehrenwerter

Himmelskörper des Sternbilds „Fische“ oder Sie hoffen, dass der Schwanz ausnahmsweise mit dem Fisch wedelt, selbst wenn der gerade bis zum Himmel stinkt.

Trotz allem macht mir Einkaufen richtig Spaß. Wenn es auch zweifelhafter ist. Das letzte Mal war ich zum Beispiel vor knapp 25 Jahren ein Fan von Einkaufswagen. Da machte es noch richtig Spaß, mit dem Kleinkind durch die Gassen der Regale im Supermarkt zu brausen. Besonders in engen Kurven und millimeterknapp an Dosenpyramiden vorbei. Oder eben mit gefühlten 25 Stundenkilometern – rumms! - nicht dran vorbei. Vorbei ist das nun aber schon längst. Nicht nur, weil mein Sohn inzwischen erwachsen ist, sondern auch deshalb, weil die klapprigen Drahtgestelle mit Rädern auch nicht mehr das sind, was sie mal waren.

Das fängt schon damit an, dass ich die Münze bzw. den Einkaufs-Chip nicht in den Schlitz hinein oder umgekehrt nicht heraus bekomme. Denn nicht nur Menschen können verklemmt sein, manchmal auch Münzen oder verkrackelte Vorrichtungen. Oder ich eben nicht geschickt genug. Schlimmer wird’s, wenn ich später mit vollem Wagen zurück am Fahrzeug bin und kurz loslassen muss, weil ich mit beiden Händen in meinen Hosen- und Jackentaschen krame und den Autoschlüssel suche:

Da hat sich das ominöse Gefährt einfach mal selbstständig gemacht und rollt geradewegs und rasant auf die noch nagelneu blitzende Karosse eines Porsche zu. Der folgende Sprint durch die Autogassen macht etwas weniger Spaß als jener mit dem Kinde im Markt. Mit etwas Glück habe ich den folgenschweren Crash gerade noch „millimeterknapp“ verhindert. Da frage ich mich: Deutschland ist Weltspitze beim Thema „Fortbewegung auf vier Rädern“, aber einen einfachen „Handwagen“ bekommen sie nicht hin? Der hat nicht mal eine Art Fußstopper für Kundenparkplätze mit gelegentlich leichtem Gefälle.

Zurück am Auto, ist es eine artistische Übung für einen nur mittelgroßen Mann wie mich, den Einkaufswagen mit einem Fuß festzuhalten und gleichzeitig auszuladen, wofür ich manchmal beide Hände brauche. Will ich dann die letzte Wagenecke erreichen, wohin sich noch eine Packung Cornflakes verkrümelt hat, muss ich unten loslassen und das Ding beginnt wieder loszurollen…Hoffentlich nicht gegen das eigene Auto diesmal. Ein einziges Grauen beim Verstauen packt mich. So super ist der ganze Markt also gar nicht.

Caspar Davids Mond

Des Caspar David Friedrichs Mond
kann nur bedingt entzücken.
Denn er verbirgt uns wie gewohnt
geheimnisvoll den Rücken.

Den Rücken aber zeigen uns
dafür nur die Betrachter.
Als kleine List der großen Kunst,
der gute Mond – da lacht er.

Er lächelt ihnen ins Gesicht.
Sie wundern sich und staunen.
Nur zwischen ihnen fließt das Licht.
Das Dunkel füllt ein Raunen.

9. Zwei Schwestern und eine Sternschnuppe

Nachdem mir eines Tages ein neuer Gedanke gekommen und ich diesen zu Papier gebracht hatte, ging ich kurz vor unsere Tür auf die Terrasse. Es war gegen 20 Uhr und Januar, also stockdunkel. Das erste, was ich in diesem Augenblick sah, war eine wunderschöne, leuchtend helle Sternschnuppe. Was ich mir wünschte, bleibt mein Geheimnis. Es war der 3. Februar 2016.

Hier mein zuvor erschienener Gedanke oder besser Gedankenspiel:

Es geht im Leben nicht um Vieles, Lautes und Schnelles. Es sollte vielmehr um das Sein als um das Haben gehen, wie schon Erich Fromm schrieb. Es gibt ungezählte Tugenden, die das Sein ausmachen und bestimmen, darunter so bedeutende wie Verantwortungsgefühl, Demut, Empathie, Anstand, Integrität, Weisheit und Humor.

Als ich vor einigen Jahren einmal ein psycho-soziologisches Spiel entwickelte, bei dem jede und jeder etwa 40 Grundtugenden nach persönlicher Wichtigkeit ordnen sollte, um dann eine spannende Auswertung und Diskussion anzuschließen, gab es kaum ein Teilnahmeinteresse (s.u.) Ich fand das sehr schade, denn wir denken viel zu selten über die uns wichtigen Werte, nach denen wir leben wollen, nach.

Für mich persönlich sind die über allen anderen stehenden Tugenden jedenfalls zum Beispiel die Güte und die Liebe. Geben ist dabei wohl immer wichtiger als Nehmen, denn aktiv zu sein kommt vor passiv zu sein. Gut zu sein, Gutes zu tun und also zu geben, steht dabei wohl über allen anderen positiven Eigenschaften und Handlungen. Und da die Liebe die Schwester der Güte ist, trifft dies auch auf die Liebe zu. Zu lieben ist also noch ein Quäntchen wichtiger als geliebt zu werden.

Während wahrhaftige Güte kein Feedback, keine Entsprechung, noch nicht einmal eine Antwort erwartet, ist es bei der Liebe etwas komplizierter.

Denn meistens ist aktive Liebe eben keine Einbahnstraße und ohne passive Liebe – das Geliebtwerden – kaum denkbar. Aber selbst die – wahre - Liebe gibt es auch völlig bedingungslos. Mancher behauptet, erst dann sei es wirklich Liebe. Auch da ist etwas Wahres dran, weshalb sich wohl unter dem Strich beide Schwestern – Güte und Liebe – doch auf Augenhöhe begegnen.

Sie berühren sich und wenn sie sich umschlingen, dann beschreibt dies ein Ideal der Menschheit.
Der Spruch „Tue Gutes und rede darüber“ jedoch ist falsch. Es muss richtiger heißen: „Tue Gutes und schweige darüber.“ Denn vermeintlich Gutes zu tun in der Gewissheit oder Berechnung oder Erwartung, es in irgendeiner Weise zurück zu bekommen, also honoriert zu bekommen, ist nichts Gutes. Ein Spender oder Sponsor fällt nicht unter den Begriff Güte, denn er bekommt seine Leistung in Vielfachem als Publicity, Werbung, Aufmerksamkeit, öffentliches Lob, Beschilderungen, Zeitungsartikel und dergleichen zurück. Nur deshalb vollbringt er eine gute Tat. Das kann man auch weiche Korruption nennen.
Wahre Güte wie auch wahre Liebe sind selbstlos. Wer aber nicht imstande ist oder sein kann, die Güte zu geben, nicht und niemals gütig sein kann, ist seelisch arm. Ist ein solcher Mensch zur aktiven Liebe fähig? Wohl kaum. Es muss sich dann um eine eigensüchtige, wohl auch einseitige Liebe handeln. Oder? Wer umgekehrt ohne Liebe ist, kann der die Güte noch besitzen? Wer nicht mehr Einzelne lieben kann, wessen Liebe zerstört worden ist oder nie geweckt wurde, der kann vielleicht trotzdem immer noch ein guter Mensch sein. Und die Menschen und die Erde im Ganzen lieben. Ich kenne umgekehrt kaum einen gütigen Menschen, der nicht auch zur Liebe imstande ist und meistens auch tatsächlich liebt.
Das macht vielleicht den winzigen Unterschied der beiden Schwestern aus, die man aber nicht gegeneinander ausspielen sollte. Man sollte alles für ihre gegenseitige Nähe, für ihre Umarmung tun. Das vorrangige Predigen der Liebe, wie sie unsere Kirchen praktizieren, muss nach meiner Auffassung unbedingt um das gleichberechtigte Predigen der Güte ergänzt werden.
Man kann die Schöpfung als solche lieben und ebenso einzelne Menschen. Man kann die Erde, die Umwelt und das Leben als solches gut behandeln, aber man kann auch einem einzelnen Tier, Baum oder Menschen helfen. Ohne jedes Feedback. Menschen, denen es an Güte oder Liebe oder an beidem mangelt, können sich ihnen vielleicht über das Aneignen eines Stücks des Wahren annähern. Das Wahre, welches er in der Lage ist, im Glücksfalle zu erkennen und weiterzugeben. Und sich so der Liebe und der Güte aufzuschließen. Wem selbst die Wahrheit nicht so viel gibt, hat immerhin noch das Schöne.

Wer aber nichts von alledem hat - vom Lieben, Guten, Wahren und Schönen - der ist wirklich arm. Einem solchen Armen gilt Hilfe, Trost, Beistand und Hoffnung.
Auf das Gute, das Wahre und das Schöne. Und auf die Liebe! Auf die, die man gibt, noch mehr als auf jene, die man bekommt.

Es folgt nun eine Kindergeschichte in Gedichtform, die 1997 in der Kindertagesstätte von Max „Am Westernplan“ in Magdeburg als Theaterstück mit Kindern uraufgeführt wurde. Dafür bin ich der Kindergärtnerin Frau Tacke heute noch dankbar.

Fridolin und das Kartoffelchen

Bei dem Fridolin in der Küche
gibt's die wunderschönsten Gerüche.

Da duften Suppen und Salate
nach Zwiebeln, Kürbis und Tomate.

Und vom Garten gleich bei der Lilie
holt der Fridolin Petersilie.

Da kam die Mama und bat um Rat:
„Machen wir Rührei mit Spinat?“

Denn sonderbar ist dieser Junge -
Spinat zergeht ihm auf der Zunge!

„Mama das ist ja mein Leibgericht...“
Und Papa nahm Frido in die Pflicht:

„Bitte geh nun gleich in den Keller,
und hole Kartoffeln für drei Teller.“

Fridolin die Treppe hinunter,
bis dahin war er noch ganz munter.

Doch plötzlich sollte ihm passieren,
den linken Pantoffel zu verlieren.

Und eine klitzekleine Kartoffel
kullerte gleich tief in den Pantoffel.

Sie setzte sich fest in ihren Kopf:
„Ich will und will nicht in den Topf!“

Ach, wie stieß sich da Frido den Zeh:
„Aua, autsch, das tut ja ganz schön weh!“

So laut der Fridolin gejammert,
die Erdfrucht hat sich festgeklammert.

„Ich schaff´s nicht, du freche Kartoffel,
komm heraus aus meinem Pantoffel!

Mein großer Onkel – hier bitte schau -
ist schon fast völlig grün und blau!“

Das Kartoffelchen sagte darauf: „Okay,
denn ich habe eine tolle Idee.

Buddel mich einfach in die Erde,
damit ich eine Pflanze werde.“

Mutig kullerte es langsam raus:
„Klappt es oder ist jetzt alles aus...?“

Doch Fridolin nahm die Kartoffel
und schlüpfte in seine Pantoffel.

Im Garten dann – ganz froh und munter
grub er das Knöllchen einfach unter.

Schön festgedrückt und Wasser dazu,
denn die Kleine wollte wachsen wie Du.

Nun aber schnell in die Küche zurück,
erzählte Frido vom Pech und vom Glück.

Die Eltern lachten und freuten sich.
Und bald schon fertig war das Gericht:

Spinat, Rührei und Salzkartoffeln,
was konnte man sich mehr erhoffen?

Den Teller? - nein, die Lippen ! geleckt,
hat es besonders Frido geschmeckt.

Im Herbst dann – jeder konnte es sehn:
Aus der kleinen Kartoffel wurden zehn!

10. Ein befremdliches und verstörendes Dokument

Wie mein Großvater Hans-Georg Wannewitz (1904-2003) von Januar bis September 1939 den Vorabend und den Beginn des 2. Weltkrieges in sein Tagebuch notierte:

Vorbemerkung:

Es handelt sich um handschriftliche Originalzitate, die ich erst jetzt gegen Ende des Jahres 2018 in seinem Tagebuch entdeckte, welches mir meine Cousine Juliane vor kurzer Zeit dankenswerterweise übereignete. Ich kann Teile der Aufzeichnungen nun nach mühseliger Entzifferung authentisch wiedergeben. Mein Großvater war als Unteroffizier der Wehrmacht bei den Rückwärtigen Diensten (Versorgung) u. a. an der Ostfront, hier unter anderem in Odessa und Dnepropetrowsk, so dass er Glück hatte und im Hinterland den Krieg überlebte.

ZITATE:

„Januar 1939“

„...Nun beginnt das Jahr 1939...Politisch sieht es gut im Lande aus und nachdem wir unser altes Österreich im März 1938 heimgeführt haben und im Oktober 1938 unser Sudetenland, ist nun auch die Tschechoslowakei zum Protektorat „Böhmen und Mähren“ erklärt worden. Der Führer weiß, wie er es richtig macht. Ein Aufbau ist im Lande. So entstehen neue Straßen, Brücken, Kanäle usw.“

„Onkel Max ist im Werk in Bitterfeld, macht Zellwolle für unsere Kleidung, weil wir im Ausland keine Wolle mehr bekommen. Und für die herrliche Aufrüstung unserer Wehrmacht.“ (Redaktioneller Hinweis: Ich habe die Handschrift sehr genau angesehen: Opa hat ausdrücklich „Aufrüstung“ und nicht Ausrüstung geschrieben.)

„Wie haben die Kinder und auch wir gestaunt, als im März vorigen Jahres die Wehrmacht ... durch unsere Straße zur Befreiung nach Österreich zog. Und wie oft kommen jetzt

Truppen durch die Mark mit großen Geschützen. Es gibt Manöver an der Mulde.“ (Redaktioneller Hinweis: in Bad Düben/Sachsen). „Deutschland ist wieder groß und stark.“

„Nun ist das Parkfest da. Es ist am großen Sportplatz am Park. Wie haben die Kinder am Abend über das große Feuerwerk gestaunt. Und wie schön war erst das Kinderfest. 100 Kinderluftballons wurden hochgeblasen ... und es gab dabei Bonbons. Aber bald war auch dieses Fest vorbei und der Sommer auch bald.“

„Es wird vom Krieg mit Polen getuschelt. Nun, wir haben ja eine Wehrmacht und eine starke Führung, einen Westwall und eine Luftwaffe.“

„Ende August 1939“

(Redaktioneller Hinweis: Am 1. September 1939 begann mit dem deutschen Einmarsch in Polen der 2. Weltkrieg.)

„Es sieht sehr nach Krieg mit Polen aus. Immer größer wird die Unterdrückung und Herausforderung der Polen“ (Redaktioneller Hinweis: Mein Großvater meint hier, „durch“ die Polen), „gestützt auf Versprechungen von England und Frankreich.“

„Nun ist es bald soweit. Immer mehr werden einberufen. Auch Onkel Kurt ist mit eingezogen. Endlich am 1. September 1939 die Kriegserklärung an Polen und schon gehen unsere Truppen über die Grenze, die Luftwaffe wird in voller Stärke eingesetzt. Abends muss alles verdunkelt werden.“

„Auch ich als Hilfspolizist muß ... mit nach Söllichau zur Wache, wurde(n) aber am Abend wieder entlassen, da noch keine Gefahr vorliegt. Und wie geht es in Polen vorwärts. Jeden Tag neue Erfolge. Aber nun haben uns auch England und Frankreich den Krieg erklärt, aber Russland hat ein Bündnis mit uns geschlossen – es steht doch anders als im Weltkrieg um unser Großdeutschland.“ (Redaktioneller Hinweis: Gemeint ist der 1. Weltkrieg.)

„Alles hat Vertrauen zur Führung und jeden Tag rückt unser Heer ins Polenland ein. Nun nach 18 Tagen ist der Krieg in

Polen aus und Polen wird aufgeteilt, die ganze Welt ist im Staunen über unsere Wehrmacht.“ (Redaktioneller Hinweis: Mein Großvater war bei dieser Niederschrift 35 Jahre alt.) „Nun kann der große Schlag jeden Tag gegen Frankreich und England losgehen. Aber es vergeht Woche um Woche und es heißt, daß erst der Winter vorbei sein muss.“

„Onkel Kurt ist auch wieder entlassen worden vom Militär. Auch sind die Opfer in Polen für unseren Ort (red.: Bad Düben) bekannt, drei Tote. Aber unsere Flieger und Uboote leisten gute Arbeit gegen England. Nun ist bald Kriegsweihnachten. Aber es wird eine andere Weihnacht als im Weltkrieg“ (red.: ersten Weltkrieg). „Alles ist mit den Lebensmitteln und Stoffen genau geregelt und Überschreitungen werden schwer bestraft.“

ENDE DER ZITATE

Abschließende Bemerkung:

Mein Großonkel Max, ein von allen geliebter, sportlicher Tausendsassa, der mit den Händen Fische fing, fiel in Stalingrad, dem heutigen Wolgograd. Der 2. Weltkrieg forderte weit über 55 Millionen Menschenleben, allein in der kriegsvorentscheidenden Schlacht um Stalingrad kamen etwa 600.000 Russen und über 100.000 deutsche Soldaten ums Leben.
Mein liebenswerter Großonkel Kurt, der Korbmacher war, überlebte. Ich hatte das große Glück, diesen bescheidenen und freundlichen alten Mann Anfang der 60-er Jahre noch in seiner Werkstatt kennenzulernen.
Mein Großvater Hans-Georg wurde 99 Jahre alt, war nach dem Ende seiner Gefangenschaft 50 Jahre lang Förster in der Dübener Heide, Ortschronist von Bad Düben und hat mir die Natur und den Humor nahegebracht. Er hat jedoch fast nur über die für ihn persönlich „positiven“ und eher „problemlosen“ Erfahrungen des Krieges berichtet, ohne während seines jahrelangen Dienstes in Russland die Kehrseite erlebt haben zu wollen. Die schwere Schuld des Nationalsozialismus hat er dennoch nicht geleugnet. Das vorliegende Dokument ist zwar befremdlich und verstörend, aber in die Zeitgeschichte versetzt doch bedingt nachvollziehbar. Es sollte uns alle zum Nachdenken anregen.

Die Wildgänse und wir

Die Gänse an der Himmelstafel
sind fern von irdischem Geschwafel.
Wir ahnen so ganz ungefähr,
sie sind dem Weltgeist etwas näher.

Das klar geordnete Gewimmel
schreibt Einsen an den blauen Himmel.
Und damit hinter unsre Ohren:
Wir sind als Nullen auserkoren.

11. Warum ich meinen Eltern dankbar bin

Wichtig für mein Leben war neben dem materiellen vor allem das ideelle Rüstzeug. Denn nur dieses ist die wirkliche Grundlage für ein glückliches, sinnerfülltes und "reiches" Leben. Meine Eltern haben mir dieses Rüstzeug mitgegeben. Dafür bin ich ihnen sehr dankbar. Es ist erschreckend, wie doch eben eher wenige Menschen über einen sozial kompetenten oder gar geistig-kulturellen Hintergrund verfügen. Das ist überhaupt keine Überheblichkeit, sondern eine schlichte Tatsache. Man muss nur dem täglichen Gelaber lauschen, dann weiß man Bescheid. Die Medien sind nur der Spiegel dieses bescheidenen Bedarfs an Brot und Spielen. FFN und SAW, die tun wirklich weh. Mir jedenfalls.

Der Mangel an kultureller und humanistischer Bildung ist jedoch die Ursache für Konflikte im Kleinen und im Großen. Für Trennungen und für Kriege. Begriffe wie Fantasie, Alltagswitz, Schöpferkraft, Geist, Eigensinn, Gelassenheit, Genussfähigkeit und Schönheit sind mir wichtiger als zum Beispiel Pflichterfüllung, Ordnungssinn, Gesundheitswahn, Disziplin, Betragen, Opportunität und das "Funktionieren". *Wenn die Rechnungslegung an der letzten Bahre kommt, fragt keiner nach nicht weggefegten Kuchenkrümeln*, der Zahl der gejoggten Kilometer, einem nach Zitronenöl duftenden Klodeckel oder der Meinung der Nachbarn zum Blumenbeet. Solche Ideale sind mir fremd und zuwider.

Man muss den Jahren mehr Leben und nicht dem Leben mehr Jahre geben. Mit diesem Satz wird die gesamte Esoterik ad absurdum geführt. An der Schwelle zum Tode wird nach dem gefragt, was bleibt, was da war, nach den hinterlassenen Spuren und den gelebten Werten. Ein halbwegs guter Mensch gewesen zu sein ist erstrebenswerter als ein penibel ordentlicher oder unauffälliger Mensch gewesen zu sein.

Warum bin ich auf der Welt? Was ist der Sinn? Wer bin ich? Was war denn das - dieser winzige Augenblick des Daseins!? Wie real ist mir die Welt? Was ist mit Gott, Gottes Sohn, dem Weltgeist, der geistigen Welt, den großen Fragen der Menschheit und meinen persönlichen Gedanken dazu? Diesen Fragen einen Millimeter näher gekommen zu sein ist mir wichtiger als der Kleinkram, mit dem man sich Tag für Tag herumärgerte im Leben.

Viele Menschen haben beständige und immer wiederkehrende Ängste, die ihnen die tägliche Lebensfreude verhindern. Ängste im Beruf, in der Familie, vor den Nachbarn und in der Öffentlichkeit, davor, etwas falsch zu machen oder aufzufallen, Krankheit, Dickwerden, schließlich vor der Apokalypse, auch wenn gerade keine Kriege stattfinden. Diese Ängste verhindern ein glückliches, ein zufriedenes, ein ausgeglichenes und ein freudvolles Leben. Und sie werden am Ende des Lebens, bei der Bilanz, die ich Abrechnung nannte, null Komma null Rolle spielen. Dann zählen die gelebte Güte, die Liebe, die Nähe zur Familie, die hinterlassenen Spuren und die Reichhaltigkeit des Lebens, was nun zu Ende geht. Nur diese Dinge zählen, nicht der tägliche Kleinkram, der immer wieder Konflikte gebiert und in Bösartigkeit mündet.

Vor allem meine Mutter hat mich jedenfalls in tiefer Liebe, mit viel Zärtlichkeit und großer Wärme groß gezogen. Für mich ist sie niemals tot. Sie lebt ewig. Mein Vater war für die geistig-kulturelle Seite zuständig. Wenn er uns als Kinder auch in brutaler Form geschlagen hat. Er hat es in seiner Kindheit, von der Hitlerjugend und einer kaltherzigen Mutter geprägt, nicht anders gelernt. Dafür war er eines der letzten, weltgewandten Universalgenies, kannte sich in der Botanik, Geologie, Philosophie, Architektur, Stahlbau, Literatur, Kunst und Kulinarik aus. Ich habe dies alles aufzusaugen versucht.

Hinzu kam ein wahrer Schatz, ein Regenbogen von Eindrücken und Vermittlungen, die mich der Welt in ihrer ganzen Fülle, Tiefe und Schönheit wie oben beschrieben etwas näher gebracht haben. Beispiele dafür gibt es viele. Nur zwei ausgewählte möchte ich hier nennen und erläutern, ein soziologisches und ein ästhetisches.

Liebe und Zärtlichkeit

Zum Beispiel Nähe und Kuscheln mit den Eltern im großen Ehebett - was gab es Schöneres als Kleinkind? Ich habe später verkorkste Männer erlebt, die es befremdlich fanden, dass ein Vater mit seinem Baby-Sohn und kleinen Kind herumkuschelt, unmännlich sei das. Vielleicht sogar mit einem Hang zum Schwulsein. Wie krank sind solche Unterstellungen! Und ich habe dumpfe und stumpfsinnige Frauen erlebt, die Männern gern Pädophilie unterstellen, nur weil diese Männer Kinder mögen und eben kleine Mädchen ebenso süß oder herzerfrischend finden wie Jungs. Die begreifen nicht, dass es auch Männer gibt, die Kinder einfach nur gern haben, Kinder mögen, ihnen die zu tief sitzende Locke notfalls eben aus der Stirn pusten und nichts dabei finden!

Wenn man, einfach weil ein Mädchen etwas Gutes getan hat, diesem übers Haar streichelt, wäre dies aus der spießig-engen Sicht dieser schräg erzogenen MitbürgerInnen wohl ein halbes Verbrechen. Dabei ist es absolut normal und menschlich, dies zu tun, einfach nur eine Geste der Anerkennung und Sympathie. Menschen, die darin etwas anderes sehen, sind innerlich erkaltet, verkommen und gehören psychopathisch untersucht. Vielleicht haben sie selbst zu wenig Liebe erfahren. Dies ändert natürlich nichts daran, dass echte Pädophile und krankhafte Triebhaftigkeit Minderjährigen gegenüber eines der schwersten Verbrechen überhaupt darstellt und mit aller Härte bestraft werden muss. Es gibt kaum etwas Schlimmeres!

Musik

Dieses große, ja großartige Thema werde ich hier nicht annähernd erschöpfend betrachten können. Meine große Liebe zu schwarzer Musik – zu Blues, Jazz, Soul, R & B, Funk und folgend auch dem Rock´n Roll usw. – habe ich meinem Elternhaus zu verdanken. Schon mit sechs Jahren liebte ich den Dixieland und Traditional Jazz, weil die Platten zu Hause liefen. Später gesellten sich der harte Swing, der Bebop, Hardbop, der Jazzrock, der Free Jazz und viele andere Spielarten hinzu.

Heute kann ich sagen, dass ich den Jazz von Kindesbeinen an im Blut habe, schon in den Achtzigern Jazzkolumnen über Konzerte in der Magdeburger Presse veröffentlichte: Der Saxophonist Warnfried Altmann bescheinigte mir, keiner hätte diese Konzerte damals so analytisch treffend erfasst wie ich, soviel Fremdlob muss hier einfach mal eingeflochten werden. Im Hause meiner Eltern lernte ich Begeisterungsfähigkeit für das Schöne schlechthin und auch das Hören, das Hinhören. 1965 im

Alter von 9, als der King of Jazz Louis Armstrong persönlich mit seinen All Stars in Magdeburg und Leipzig auftrat, weinte ich bittere Tränen, dass meine Eltern mich nicht mitnahmen. Inzwischen habe ich ungezählte großartige Konzerte erlebt, darunter auch Schwarzen Blues in den USA, als ich in einem Kellerclub in Missouri spontan als Backgroundsinger mit auf die Bühne sprang und ein unvergessenes Funky-Spektakel mit Maceo Parker in Georgetown, Washington D.C. „Nichts ist intensiv genug, es sei denn, es ist Jazz", sagte Jean Cockteau. Er hatte recht. Coleman Hawkins und Lionel Hampton stehen dafür.

Aber auch die klassische Musik brachten mir meine Eltern näher. Die Amiga- und Eterna-Langspielplatten spiegelten ein Universum. Besonders die Barockmusik hatte und hat es mir angetan. Johann Sebastian Bach ist der Größte, ganz zweifellos. Die Goldbergvariationen, die Brandenburgischen Konzerte, die großen Passionen oder die Orgelwerke – unglaubliche Meisterwerke. Die berühmte D-Moll-Toccata – ein Stück für die Ewigkeit – spielte ich auf der Manuale unseres quergelegten Schifferklaviers nach, während mein Bruder René auf der anderen Seite fleißig den Blasebalg bewegte, ein unvergessliches gemeinsames, oft wiederholtes Erlebnis. Aber auch der großartige Händel, Schütz und der Magdeburger Telemann dürfen nicht unerwähnt bleiben.

Konjunktief

Wenn ich auf einer Wolke säße,
und Regen diese kleiner fräße,
dann fiel ich aus dem Paradies
unmittelbar in nassen Kies.
Was nicht gut wär für die Gefäße.

12. Mein Opa Düben und der Löwe von Parey

Gewissermaßen ist die folgende Geschichte eine Fortsetzung von Punkt 10. Mein Opa väterlicherseits - NSDAP-Mitglied, Wehrmachts-Unteroffizier an der Ostfront und später SED-Mitglied - wurde 99 Jahr alt. Er war, sorry, nichtsdestoweniger der beste Opa der Welt, wie man so sagt. Er war passionierter Förster, kannte sich wie kein Zweiter mit Pilzen, Bäumen und darüber hinaus der Stadtgeschichte von Bad Düben aus. Er war der Ortschronist dieser etwas verschlafenen, aber dennoch interessanten Muldestadt mit ihrer uralten Burg am Fluss.

Nach seinen peniblen Aufzeichnungen schuf mein Vater ein großes Panorama seiner Heimatstadt „von 1850", mit jedem einzelnen, historisch genau belegten Gebäude und einer handgeschriebenen Legende in Frakturschrift, rund 100 bemerkenswerte Örtlichkeiten zuordnend. Gut einen Meter lang war diese wunderbare Arbeit meiner Altvorderen in der Merian-Tradition. Zu Hause war Opa allerdings ein gelernter Patriarch, so wie also mein Vater später auch.

Ich habe andererseits nie wieder einen Menschen erlebt, der Kinder so sehr zum Lachen bringen konnte wie Opa, so dass diese sich am Boden herumwälzten und vor Schmerzen im Zwerchfell dringlich „Bitte aufhören!" baten. Sie meinten Opas Moritaten, Anekdoten, Geschichten und den unglaublichen Mutterwitz, den diese hatten. Einer, der im Zweiten Weltkrieg war und die Kriegsgefangenschaft überlebt hatte, konnte Kinder, aber auch Erwachsene stundenlang erheitern wie kein Zweiter. Wer solche einen Opa hatte, brauchte keine „Comedy-Stars", Serien und Shows, denn er hatte viel mehr. Live.

Da mein „Opa Düben", wie mein Bruder und ich ihn nannten, uns also fortwährend veralberte, ohne sich über uns lustig zu machen, kam es, dass ich mich schon im Alter von etwa fünf oder sechs Jahren ein wenig rächen wollte:

Es war so etwa 1961 oder 1962. Mein Opa spazierte mit mir durch mein Heimatdorf Parey an der Elbe. Ich war ein eifriger Frager und er erklärte mir beharrlich jeden Tante-Emma-Laden wie etwa „Bickels", jedes Gebäude wie die Kirche oder das Dorfkino, jedes Verkehrsschild und Storchennest. Plötzlich knurrte ein Dorfköter sehr vernehmlich hinter einem wackligen Hoftor. Da sagte ich spontan: „Opa, Vorsicht, da ist ein Löwe!" Mein Opa tat völlig überrascht:

„Oh!" „Dann schnell weiter." Er ließ mich also in dem Glauben, ebenfalls ganz schön erschrocken zu sein, und wir zogen ziemlich behende von dannen. Er wollte mir meinen Spaß offenbar nicht schnöde durch die graue Wahrheit kaputt machen. Auf dem Nach-Hause-Weg hatten dann also zwei Menschen das Gefühl, einander ein wenig veräppelt zu haben. Und beide freuten sich irgendwie. Deshalb schwiegen sie auch den Rest des Weges vor sich hin lächelnd, weil diese Situation möglichst nicht gestört werden sollte.

Ich bin mir nicht mehr ganz sicher: Kostete ich meinen Triumph nur aus oder hatte ich einfach nur Schiss, ihm sogleich die Wahrheit zu beichten? Zu Hause erzählte mein Opa sogleich und immer noch voller „Schrecken" meinen Eltern von der unheimlichen Begegnung, die wir beide hatten, so nach dem bekannten Motto: „Wisst Ihr, was wir eben gerade erlebt haben!?"
In diesem, mich irgendwie kompromittierenden Augenblick klärte ich ihn und meine Eltern dann aber doch auf, weil mein schlechtes Gewissen die Oberhand gewann: „Opa, das war gar kein Löwe, das war nur ein Hund." Meine Eltern grinsten. Er selbst tat überrascht, um mir meinen Scherz im Dorf immer noch nicht zu zerstören. Aber er machte mir auch keinen Vorwurf, dass ich geschwindelt hatte, sagte nur staunend: „Ach so, aha, na **e i n** Glück."

Heute glaube ich mich zu erinnern, dass ich damals irgendwie ahnte, dass mir mein Opa meinen Scherz mit einem eigenen kleinen Schauspiel vor meinen Eltern heimzahlte. Dass er also einfach nicht zugab, es doch gleich gewusst zu haben, dass das natürlich kein Löwe war. Mir ein winziger Rest schlechtes Gewissen haften bleiben sollte. Aber beschwören kann ich dies nicht.

Die Erde

Man müsste sie verwandeln
in teures Porzellan.
Dann würde sie behandeln
behutsam jedermann.

Doch währte dies nicht lange,
denn jeder wollt ein Stück.
So käm die Weltenzange -
vorbei das falsche Glück.

13. Ein Mailwechsel mit meinem Freund Charles Walpole, Farmers Branch, Texas, USA

Hinweis: Dieser Meinungsaustausch war von beiden spontan hingeschrieben, wie ein Gespräch. Der Text erhebt also keinen Anspruch auf fundierte Ausführlichkeit oder Tiefe.

Charles:

„Die Berliner jungen Leute, die Sie in diesem Video sehen (Hinweise: Er bezog sich auf ein Dokumentarfilm auf Youtube. Wir duzten uns, aber sein Übersetzungsprogramm spie ein „Sie" aus), kleiden sich sehr schlampig und haben meist negative Ansichten über Amerikaner. Sie sagen, die Amerikaner seien zwar freundlich und offen, aber sie sagten, sie "meinen es nicht so". Das heißt, wir sind gewissermaßen Betrüger. Warum denken Sie darüber hinaus, dass die Deutschen mehr über andere Länder, einschließlich Deutschland, wissen als die Amerikaner umgekehrt?
Haben nicht unzählige amerikanischen Soldaten seit über 70 Jahren in Deutschland gelebt? Ich kenne viele Amerikaner, die mir Gutes über Deutschland erzählt haben. Haben diese jungen Deutschen da in Berlin auch Geschichtskenntnisse? Die Berliner Luftbrücke, der Marshall-Plan, der Kalte Krieg? Sie sagen wenig Gutes über Amerikaner, außer dass man denkt, wir seien flache "Cowboys". Ich hoffe, dass Sie falsch liegen. Ha! Ich weiß, dass Sie mit Sachsen-Anhalt Recht haben. Leider war Ostdeutschland 45 Jahre lang für Amerikaner „gesperrt". Das war nicht Amerikas Schuld!
Haben Deutsche ein besseres Gefühl für Russen als für Amerikaner? Ich hoffe bestimmt nicht! Re: Waffen. Amerika ist ein großes Land mit einer Geschichte von Gewehren und Gewalt, aber leider zu vielen stark gestörten und / oder bösen Menschen. Die Massaker sind sehr beschämend, aber ich fürchte, sie setzen sich fort. Auf keinen Fall werden Amerikaner Clint Eastwood die 44er Magnum Pistol wegnehmen."

Peter:

„Das ist schwierig, denke ich. Die jungen Leute sprachen so gut englisch, dass manche vielleicht gar keine Deutschen waren.

Die meisten kleideten sich sommerlich o.k., nur manche etwas jugendlich freizügig. Das Interview war in Berlin-Mitte, was noch sehr ostdeutsch geprägt ist. Das heißt, die Menschen in der DDR wurden antiamerikanisch erzogen. Da sind viele Vorurteile entstanden. Aber das heutige Amerika ist nicht mehr das von 1950. Trump aber spaltet die Menschen, er spaltet das Land. Das sind schlimme Entwicklungen weltweit. Diese Spaltung sieht man in Ungarn, Polen, Italien, Österreich, Brasilien. Das ist sehr sehr gefährlich.
Zu sagen Ungarn zuerst, USA zuerst, Polen zuerst ist ein schwerer Fehler. Es müsste heißen: die Erde zuerst. Alles andere ist Spaltung. Putin ist nicht besser. Er ähnelt Trump sehr – goldene Paläste und männliche Muskelspiele. Das ist sehr lächerlich. Auch Deutschland ist schon sehr gespalten inzwischen, aber noch sind die Demokraten stärker. Das ist in Frankreich und England ähnlich, trotz Brexit auf der Insel. Viele Deutsche haben auch nicht vergessen, wie die USA ihnen nach dem Krieg trotz deutscher Kriegsschuld geholfen haben.
Aber es war auch ein Zweck gegen den Kommunismus. Ich habe keine guten Gefühle, wenn ich an McCarthy denke. Kommunisten gehen einen falschen Weg, aber sie sind keine Warlords oder Verbrecher. Sie wollen Frieden und sozialen Ausgleich. Nur mit den falschen Mitteln und der falschen Umsetzung. Wenn ich die Macht der Banken und Konzerne sehe, ist das auch nicht besser. Im Gegenteil. Trumps großes Ziel ist Egoismus. Das ist falsch. Besser ist: Menschlich in Familien und auch zwischen Staaten. Ich weiß aber, dass es Millionen Amerikaner gibt, die meine Freunde sind.“ (2020)

HEIMAT

Du duftende Krume Muttererde
am Ort meiner Kindheit aus der Scholle gegriffen
und sanft von meiner Hand rieselnd

Und Du unsere große Mutter Erde
die Du meine Last trägst
und in Deinem Schoß ich sie ruhen lasse

Erde, die ich war und werde

14. Der Wurm*innenfortsatz

Also, wenn Sternlein die Fixkörper sind, welche am Himmel prangen, dann standen Sternchen bisher immer umgangssprachlich für Pop-Tschiepchen, die einmal ein Star werden wollen, oder – ernsthafter - für jene Zeichen auf der Tastatur, die man zum Beispiel zur Kennzeichnung von Fußnoten brauchte. Diese Alleinstellung ist nun vorbei. Es gibt jetzt auch das Gendersternchen, obwohl es weder Noten singt noch Fußnoten meint. Auch der Unterstrich ist nicht mehr nur zum Unterstreichen da, sondern er heißt jetzt auch Gender-Gap und steht vaterseelenallein nicht *unter* Buchstaben, sondern *zwischen* zwei Wörtern wie Maurer und innen.

Als drittes gibt es noch das gefühlte Leerzeichen, wenn es um das gesprochene Wort geht. Man machte es zum Lehrzeichen, mit dem irgendeine unbekannte Domina dem Redner befiehlt: „Mach – an – dieser – Stelle – eine – kurze - Sprechpause!" So wie neulich im Deutschlandfunk, als die Moderatorin sagte: „Kommen wir nun zum Museum Ludwig in Köln, wo derzeit Bürger innen mit den Füßen scharren." Das habe ich nicht verstanden. Eigentlich scharren die doch nicht innen, sondern draußen am Eingang mit den Füßen, um hinein zu kommen. Denn innen war einst einmal ein deutsches Wort als Gegenteil von außen oder draußen.

Heute ist es offenbar zum Wurm*innenfortsatz eines Maskulinums verkümmert. Oder ein anderes Beispiel, hier von MDR-Kultur: „Was Künstler innen jetzt beachten sollten..." Hmm. Das wirft gleich mehrere Fragen auf. Ja, sollen diese Künstler an ihre Milz, an ihren Darm oder an ihre Leber denken? Oder sollen sie jetzt an das Innere ihres Ateliers und nicht an den Garten draußen denken? Und wieso eigentlich nur Künstler. Was ist denn mit den Künstlerinnen?! Ja, liebe Leserinnen und Leser, die Amtsschimmel*innen der Gendersprache wiehern eben ziemlich laut in dieser Zeit. Und dabei haben sie noch nicht einmal bemerkt, dass das Wort Gendersprache ein böses „der" enthält. Ich bin dafür, es in Gendiesprache umzubenennen.

Schmollmond

Am Himmel prangt der Zwischenmond
Nicht Sichel mehr, nicht voll
Er bleibt von Blicken meist verschont
Sein Lied tönt jetzt in Moll

15. Kindheitsträume oder: „You are the author of your own life story.“

Ein echter Albtraum begleitete eine etwa ein- bis zweijährige Phase meiner Kindheit. Die sehr ähnlichen Szenen spielten sich immer kurz vor dem Aufwachen ab. Jedes Mal verfolgte mich ein offensichtlich sehr böser, zähnefletschender Fuchs. Ich flüchtete immer über Stock und Stein und Reinicke erreichte mich nie. Dafür aber endete meine Flucht regelmäßig derart, dass ich einen Abhang hinunter zu stürzen drohte. Und damit genau in diesem Augenblick zu meiner Rettung aufwachte.

Vier ziemliche Ängste begleiteten diesen Traum: Die Angst vor dem Zu-Bett-gehen; die Traumangst, wann der Fuchs wohl auftauchen würde; die Angst während der Flucht und die Angst vor dem Abgrund. Erst später wurde mir langsam gewahr, dass der Abgrund letztlich etwas Gutes bedeutete – nämlich das Aufwachen.

Hintergrund des Ganzen war wohl ein zweifelhafter Gute-Nacht-Gruß meines Vaters, den er allabendlich wiederholte. Er steckte seinen Kopf, als alle Lichter schon gelöscht waren, durch die Tür und sprach vier Worte, und diese wie ein feixendes Monster, wie ein Hexenmeister: „Der alte böse Fuchs!“ Dann schloss er die Tür und wir sollten schlafen.

Die vier Worte sprach er sehr langsam, mit kurzen Pausen sogar zwischen den Silben, längster Pause vor dem letzten Wort und alles mit schneidender, spitzer Stimme. Sagen wir, etwa wie Rumpelstilzchen. Das Wort Fuchs geriet ihm mit abschließendem Heben der Stimme so zu einem bösen „Fochs“.

Wir Jungen, also mein Bruder und ich, wollten natürlich die Tapferen spielen und antworteten dem „Gruß“ mit einem Lachen, Feixen oder zumindest irgendwie amüsiert. Wir gewannen dem Auftritt etwas Humorvolles ab, und so war er wohl auch gemeint, zumindest hauptsächlich. In unbewusster Notwehr betrachteten wir das Ritual als „Running Gag“.

Ich wusste damals nicht ansatzweise, dass ein sich wiederholender, böser Traum ein Albtraum ist. Meinen Bruder hatte ein solcher glücklicherweise nicht erwischt. Meinen zweiten bedeutenden Traum hatte ich nur ein einziges Mal, aber er hatte eine Nachwirkung bis in die heutigen Tage. Und es war ein guter Traum. Geträumt etwa in der Zeit der Pubertät.

Aus heutiger Sicht war es mein wichtigster Traum überhaupt.

Also: Als damals sehr schüchterner Junge und mit keinem großen Selbstbewusstsein ausgestattet, fand ich mich im Traume plötzlich auf einem einsamen nächtlichen Waldweg wieder. Auch hier überkam mich zunächst ein gewisses Angstgefühl. Die nebeltrübe Sicht war denkbar schlecht, das Laub nass, vor und hinter mir wandelten lediglich die berühmten Trichter von Christian Morgenstern.
Ich wähnte, dass jeden Augenblick dunkle Männer aus dem Gebüsch springen könnten, was immer sie dann auch täten. Meine Schritte wurden immer schneller, ich hastete stolpernd weiter, begleitet nur von gelegentlichen Käuzchenrufen und nicht definierbaren Lauten aus dem Ried. Schließlich ließ mich ein quer liegender Ast der Länge nach hinfallen. Ist jetzt alles zu Ende ... schoss es mir durch den Kopf.
Doch genau in jedem Augenblick passierte etwas Wunderbares. Man könnte auch sagen, mir fiel
ein Stern ins Hern. Mit einem Schlage erinnerte ich mich in dieser fatalen Situation an mich selbst. Wie plötzlich neu geboren sagte ich mir: Ich habe da ja noch etwas ganz Starkes, nämlich mich selbst. Dieser Wechsel ist mir bis heute unerklärlich. Ich stand voller zurück gewonnener Kraft wieder auf, schüttelte all das Unheimliche des Erlebten von mir ab und schritt frohen Mutes, gelassen und mit einem plötzlich starken Rückgrat dem Lichte entgegen.
Die Welt gehörte jetzt mir und nichts und niemand konnte mich das Fürchten lehren. Ich hatte mich immerhin selbst am Schlawittchen aus dem Dunkel gezogen. Fortan sah ich das Leben mit einem aus eigener Stärke geborenem Lächeln, denn ich wusste, ich hatte etwas sehr Bedeutendes zur Verfügung: Mich selbst.
Vielleicht war dieses geträumte Aufstehen die größte Leistung meines Lebens. Sie hat mich in vielen Situationen immer wieder stark gemacht. Ich begriff damit diese Philosophie, der man mitunter begegnet: „DU bist der Autor deiner eigenen Lebensgeschichte." Diesen Satz habe ich 1991 – natürlich in englischer Sprache - an der Wandtafel des Klassenraumes einer Primary School in Columbia/Missouri (USA) entdeckt.

Herbstfarbwechsel

Vom Gänsehimmelblau
ertönt die Wildnis rau

Das Wurzelmoosegrün
lässt Petrusstäbe blühn

Im Ahornblätterbunt
ist diese Welt ganz rund

Aus Eichenrindenbraun
entflieht ein kleiner Faun

Das Fliegenpilzorange
als Abendrotmelange

Und Mondes Silbergrau
ans Ufer plätschert lau

16. Reportage: Nach Prokryschkino im ehemaligen Ostpreußen

Eine wohl unvergessliche Reise durch das ehemalige Ostpreußen und damit durch Regionen Polens, Litauens und Russlands unternahmen acht Frauen und Männer aus Deutschland im Sommer 2019 mit dem Reiseunternehmen Scheer. Neben Gerhard Scheer aus Wuppertal, der gleichzeitig als jederzeit ansprechbarer und hilfsbereiter Fahrer, Reiseleiter und beredsames „Lexikon auf zwei Beinen" wirkte, sowie zum wiederholten Male dem verdienstvollen Dr. Gerhard Kuebart von der Kreisgemeinschaft Ebenrode aus Lemgo kamen die weiteren Teilnehmer aus Augsburg, Ratingen bei Düsseldorf, Rätzlingen im Drömling und Magdeburg in Sachsen-Anhalt. Eine „bunte Truppe" also, die sich fürderhin gut verstehen sollte. Wesentliches Motiv dieser nachdenklich stimmenden, aber auch wundervollen Reise war zunächst die eigene Lebensgeschichte und damit die Suche nach den heimatlichen Wurzeln in Ostpreußen. Aber auch die reiche Religions- und Kulturgeschichte und das aktuelle Leben der Menschen in Masuren, im Ermland und in der russischen Exklave Kaliningrad (Königsberg) sowie nicht zuletzt deren wundersame Landschaften wurden den Deutschen eindrücklich nahegebracht.

Aber der Reihe nach: Der 26. Juni als Anreisetag war mit 39 Grad Celsius der bis dahin heißeste Tag des Jahres. Aber schon die ersten Eindrücke nach der Fahrt durch Posen und Gnesen in Gniewkowo (Argenau) - dem ersten Übernachtungsort - ließen die Hitze und manchen dortigen Mückenangriff schnell in den Hintergrund treten. Denn noch vor einem sintflutartigen Gewitter durchdrang das bezaubernde Lied eines Trompeters von der evangelischen Pfarrkirche her die schwüle Abendluft der kleinen Stadt. Manch einer verstand dies als freundliche Begrüßung, wovon der unbekannte Musiker wohl nie erfahren wird.

Weiter ging die Reise am nächsten Tage nach Nowe Miasto Lubawski, dem damaligen Neumark. Hier nutzten die Deutschen den Zwischenstopp zu einem Besuch der gewaltigen backsteingotischen und katholischen Wehrkirche, in der gerade eine Trauerliturgie stattfand und die durch ihren golden-barocken Prunk im Inneren beeindruckte. Eine ähnlich architektonische Wucht von rotem Backstein war dann später auch in der mittelalterlichen Ordensburg von Osterode direkt am

Drewenzsee erlebbar, in die schon Napoleon Bonaparte seinerzeit mit seinen Truppen eingekehrt war. Den Reiseleiter inspirierte der Ortsname indessen zu einem Zitat eines alten Kinderspruches: „Oster –Schmagoster – gib Eier und Speck: Dann lauf ich weg!“ Was immer das auch bedeuten mochte, so zauberte es doch ein Lächeln in die Gesichter der Gruppe.
Nun, er lief zwar nicht, aber fuhr dann weg, ganz ohne Eier und Speck – nämlich nach Allenstein/Olsztyn, der größten Stadt in Ermland/Masuren. Nicht ohne dabei aufzuklären, dass man nicht „in die Masuren“ fährt, wie fälschlicherweise oft behauptet, sondern nach Masuren. Ein raunendes Aha! „Aha“ sagte sich vor Jahrhunderten wohl auch Nikolaus Kopernikus, als er das heliozentrische Weltbild beschrieb. Dessen bronzenes Denkmal ergab ein ganz anderes Bild, nämlich ein schönes Fotomotiv für die Reisenden.
Am Allensteiner Dom gab uns ein freundlicher Mann im original ostpreußischen Dialekt Auskunft, was manche der Deutschen angenehm berührte. Diese Mundart ist eher hart und ungewohnt klar in der Aussprache, aber weich und warm in Wirkung und Klang. Das Berührende trifft auch auf das Innere des stolzen Domes selbst zu, in dem sowohl Kardinal Glemp als Bronzebildnis als auch Papst Johannes Paul II. von einem Ölgemälde her grüßten. Der Spaziergang durch die schöne Altstadt endete schließlich in der Burg, in deren Innenhof gerade eine junge Musikband im Genre der Verbrauchsmusik unserer Tage probte.
Nicht viel später fand dann der schwebende Taufengel große Bewunderung, den man in der kleinen Kirche von Sorquitten besuchte, ein einzigartiges Kunstwerk. Sowohl die Restaurierung dieser Skulptur als auch der Kirche selbst wurde durch die evangelisch-augsburgische Kirche von Deutschland unterstützt. Nun also mitten in Masuren, ging die Reise weiter zum nächsten Übernachtungsort Sensburg, dem heutigen Mragowo – einem beschaulichen und gepflegten Ort mit herrlicher Seenlandschaft. Nicht nur hier, sondern überall in Ostpreußen fallen immer wieder die typischen und detailreich gearbeiteten, schmiedeeisernen Balkons ins Auge, mal fein erhalten und gepflegt, mal vor sich hin rostend.
Aus dem Staunen nicht heraus kamen die Reiseteilnehmer am nächsten Tage bei einem Ausflug nach Heiligelinde nahe der alten Grenze zum Ermland. Inmitten der üppig-grünen Natur überrascht hier plötzlich die prachtvolle und nach dem

Salzburger Gelb kürzlich in Pastellrot gestrichene Fassade der mächtigen barocken und doppeltürmigen Marien-Wallfahrtskirche. Göttliche Allgegenwärtigkeit, die in der architektonischen Präsenz Ausdruck findet. Warum „Salzburg“? Weil es zunächst Tiroler waren, die im frühen 18. Jahrhundert diese Gegend des späteren Ostpreußens besiedelten, zivilisierten und kultivierten.
Die Kirche bot jedenfalls einen frappierenden Anblick, den man wohl so schnell nicht vergisst. Dies gilt ebenso für den Innenraum der Basilika, in der die Gäste Zeuge eines imposanten Orgelkonzertes wurden. Dies war Ohrenschmaus und Augenweide zugleich, denn mit knapp 2500 Pfeifen beeindruckte auch allein das Orgelprospekt dieser Königin der Instrumente. Prospekt ist der Fachbegriff für den sichtbaren Teil einer Kirchenorgel. Die Kirche selbst war einst auf 10.000 in den Sumpf gerammten Baumstämmen errichtet worden, eine Respekt abverlangende Bauleistung.
Im Dörfchen Wilkowo folgte dem großen Prunkvollen etwas, was man eher als „klein, aber oho!“ bezeichnen könnte: Denn hier stand auf einem Hügel sehr romantisch gelegen eine 1402 erstmals erwähnte, kleine Wehrkirche, damals die Deutschordensburg Bäslack. Von hier konnte man über uralte – schmiedeeiserne und steinerne - deutsche Gräber hinweg einen herrlichen 360-Grad-Rundumblick genießen. Man sah in eine leicht hügelige, von Baumgruppen und Wäldchen durchsetzte sowie vom blauen Himmel mit seinen grauweißen Wölkchen gekrönte Landschaft von Masuren. Die Kirche mit ihrem schweren Eichengebälk im Turm ist in fortlaufender Sanierung begriffen und wartet dringend auf weitere Unterstützung. In unmittelbarer Umgebung führt die Danziger Universität archäologische Grabungen durch.
Die Fahrt ging nun durch Lötzen weiter in Richtung Rominter Heide, wo man von einem Hügel mit einsamem Storchennest einen ersten Eindruck von diesem riesigen und kaum besiedelten Waldgebiet bekam, dessen größerer Teil in Russland liegt. Immer wieder fuhren die Reisenden durch kilometerlange Alleen und manches Straßenschild rang ihnen ein Schmunzeln ab. Denn es warnte vor Elchen und solchen bei dieser Gelegenheit zu begegnen, gleicht natürlich einem mittleren Lottogewinn.
Am kristallklaren Goldaper See vorbei war nunmehr das Drei-Länder-Eck Polen-Litauen-Russland das nächste Ziel, wo zwei

politische Welten und Machtblöcke aneinander grenzen. Hier gibt es eine granitene Säule, die exakt auf jenen Punkt gesetzt wurde, an dem die drei Grenzlinien zusammentreffen. Seltsamerweise war nur die Grenze von Russland zu Litauen mit Stacheldraht gesichert, die von Russland nach Polen nur mit einem normalen Zaun. Allerdings wird diese Grenze auf der russischen Seite durch Grenzsoldaten scharf bewacht. Zwischen den EU-Staaten Polen und Litauen gibt es dagegen eine angenehme „grüne Grenze“, die frei überschreitbar und auf Straßen frei durchfahrbar ist.
Nun also fuhr der moderne Kleinbus auf diese Weise nach Litauen und dort immer am ausgedehnten Vestyter See entlang, den die russisch-litauische Grenze trennt und der deshalb und aus Naturschutzgründen völlig frei von Booten oder Schiffen ist. Aber nun wurde es gewissermaßen ernst, denn in Kybart wartete der Grenzübergang nach Russland im Allgemeinen und zur Exklave Kaliningrad im Besonderen auf die Reisegruppe. Nach dem erfolgreichen Grenzübertritt dann zunächst durch Ebenrode gekommen, dem heutigen Nesterow, erreichte man über die alte Reichsstraße 1 nun das mit einer geschichtlichen Aura behaftete Trakehnen, welches heute Jasnaja Poljana heißt. Dieser russische Ortsname ist dabei aber nicht mit dem gleichnamigen Ort im russischen Gebiet unweit Moskau zu verwechseln, in dem der russische Nationaldichter Puschkin zu Hause war. Nein, hier im Königsberger Trakehnen waren vielmehr viele Jahre edelste Pferde zu Hause, denn das dortige, bereits 1732 gegründete Gestüt war europaweit bekannt.
Die Stallgebäude des Gestüts sind heute nur noch teilweise vorhanden und ungenutzt, aber das alte Landstallmeisterhaus wurde saniert und beherbergt heute eine Schule. Vor diesem Haus im Park befindet sich die imposante und lebensgroße Bronzeskulptur des legendären Tempelhüters. Das Denkmal für den edlen Zuchthengst (1904-33) und bedeutenden Vererber hatte Prof. Reinhold Kuebart 1932 geschaffen, dessen Großneffe Gerhard Kuebart sich nun abermals von seiner Schönheit überzeugte. Allerdings „nur“ von der 2013 feierlich aufgestellten Kopie, denn das Original steht seit 1945 im Museum der Akademie der Landwirtschaft in Moskau.

Genächtigt wurde dann im Gasthaus „Zur alten Apotheke“ in Trakehnen, wo sich die Gäste aus Deutschland unter anderem eine wunderbare Gemüsesuppe schmecken ließen, zu der später seltsamerweise ein russisches Bier namens „Ostmark“ gereicht wurde. Zum späten Abend wurden alle dann auch noch Zeuge einer russischen Schulabschlussfeier, bei der jede der teilnehmenden Schülerinnen mindestens einmal in ein tränenreiches Schluchzen ausbrach, welches manchmal in kurzzeitiges Flüchten mündete, sei es aus Wehmut oder aus Liebeskummer.

Aber von den leichteren Geschichten jetzt zur schwerer wiegenden Geschichte: Trakehnen sollte nunmehr der Ort sein, von dem sich die deutschen Gäste auf Spurensuche nach den eigenen Wurzeln begaben. Dr. Gerhard Kuebart und seine Cousine Gudrun besuchten dazu unter anderem die Kreisstadt Ebenrode, das ehemalige Stallupönen, wo sie intensive Erkundungen und Gespräche mit Verantwortlichen im Haus der Gemeinde zur besseren Zusammenarbeit, Aufarbeitung und Darstellung der gemeinsamen Geschichte durchführten. Er zum wiederholten Male, sie zum ersten Mal.

Hansi H. aus Rätzlingen fuhr mit seiner Frau sowie einer ihrer Töchter und deren Partner in das unweit gelegene Dorf Grünwalde, heute Pokryschkino nahe der litauischen Grenze. Mit alten Karten ausgestattet fanden sie tatsächlich jenes Grundstück des ehemaligen Hofes wieder, von dem er als Vierjähriger kurz vor dem Kriegsende flüchten musste. Da war er, der alte Ziehbrunnen, ein unvergesslicher Moment für Hansi. Das mit Wildwuchs und stichmunteren Insekten behaftete Gelände wurde intensiv abgeschritten, aber außer einem Torpfeiler aus Backstein und einigen überwucherten Ziegelsteinen fand sich neben dem Ziehbrunnen weiter nichts mehr - kein Haus, kein Stall, keine Schmiede, nichts.

Ein herbeigeeilter Russe namens Sergej half freundlich bei der Recherche und brachte dem Deutschen nach einer spontanen Anfreundung schließlich einen alten Salznapf aus Emaille, den seine Großeltern einst aus dem verfallenden Haus geborgen hatten. Dieses Geschenk war ein schönes und dankbares Zeichen der Freundschaft und Humanität über alle politischen Grenzen und Unterschiede hinweg und ließ keinen der Beteiligten unberührt.

Gerhard G. aus Ratingen suchte indessen sein altes Elterngrundstück in einem Dorf bei Tollmingen in westlicher Richtung nahe der Rominter Heide. Auch er wurde fündig, konnte aber auch nur noch die Grundmauern in Augenschein nehmen. Aber er erzählte eine bemerkenswerte Geschichte:

Sein Vater war dort einst Bürgermeister und während der Nazizeit Zeuge, wie ein Kommunist aus dem Dorf verhaftet und ins Gefängnis geworfen wurde. Gerhards Vater brachte ihm Essen und schließlich gelang es ihm sogar, den Mann nach langen Diskussionen aus der Haft freizubekommen. Als später die Russen das Dorf einnahmen, nahmen sie den Bürgermeister mit und internierten ihn später im Lager Buchenwald bei Weimar, einst furchtbares KZ der Nazis und nun ein durch die Russen weiter genutztes Lager für echte und vermeintliche „Hitlerfaschisten“ sowie andere „Feinde“.
War dort bei den Nazis ständige Folter und Mord an Insassen an der Tagesordnung, herrschten hier auch bei den Russen - vor dem Hintergrund der Kriegsereignisse - schlimme Zustände. Da passierte es, dass der Bürgermeister aus Ostpreußen plötzlich jenem Kommunisten gegenüberstand, dem er einst half und der dort durch die Russen als Helfer eingesetzt worden war. Dieser hatte das Geschehen bei Tollmingen nicht vergessen und half nun umgekehrt seinem damaligen Retter, so dass dieser die Haft von Buchenwald letztendlich überlebte. Als Gerhard G. diese Geschichte stockend zu Ende erzählt hatte, herrschte bei den Zuhörenden erst einmal nachdenkliches Schweigen.
Zurück zur Reise. Am folgenden Tage stand ein Besuch der protestantischen Kirche und Wirkungsstätte des großen litauischen Dichters, Pädagogen und Pfarrers Christian Donaleitis (1714-80), auch Kristijonas Donelaitis, in Tollmingkehmen auf dem Programm, wo dieser 37 Jahre in deutscher und in litauischer Sprache predigte. Mit seiner Dichtung „Metai“ (Jahreszeiten) gilt er als die überragende Dichterpersönlichkeit im Litauen des 18. Jahrhunderts und als Begründer der weltlichen litauischen Literatur. Er schrieb und sprach bzw. las zudem Griechisch, Hebräisch und Französisch. Und in Deutsch:

Der Gott der Finsternis

Der Gott der Finsterniß, der abgefeimte Teufel,
Erbauet gern den Thor durch eingehauchte Zweifel,
Und dieser ranzt sogleich den Unflath in ein Buch;
Zum Leyd der Redlichen, und seinem eignen Fluch.
Die Hölle freuet sich bey diesen Kindesnöthen,
Und jauchzet, wenn sie sieht den Trost des Glaubens tödten,

Drauf fährt die Pestilenz, mit der verdammten Schrift,
Aus des Verlegers Hand in alle Welt wie Gift.

Nicht minder interessant war folgend das Heimatmuseum im unweit gelegenen Groß Rominten in der gleichnamigen, schon erwähnten Heide. Der sympathische junge Museumsleiter Alexej Sokolow weihte die Reisegruppe in gutem Deutsch in die Geheimnisse der dort im Verborgenen wirkenden Zwergenfamilie ein, zeigte aber auch die im Museum eindrucksvoll praktizierte Methodik, den Mädchen und Jungen der Region die geologische Struktur, schöne Natur und Geschichte ihrer Heimat nahe zu bringen. Mineralien werden hier zum Bespiel zu hauchdünnen Scheibchen zersägt, sodass sie unter dem Mikroskop zu farbenprächtigen Kunstwerken werden. Ungewöhnlich war auch das Ausstellungsstück eines mit Stacheldraht verknoteten Hirschgeweihs, welches ein Förster in Grenznähe fand und dem Museum schenkte.
Langweilig wurde den acht Deutschen also nie auf dieser Reise und selbst die Fahrten zu den einzelnen Zielen boten immer wieder interessante Perspektiven: In einem der dortigen Dörfer – Wilczowo - zählten sie zum Beispiel mehr als 20 Storchennester, zahlreiche Störche auch immer wieder auf den Wiesen. Bei einem weiteren Zwischenstopp wurde das 32 Meter hohe Viadukt über die Rominte bewundert, immer wieder grüßten wunderschöne Stockrosen bzw. Malven von den Hausgärten und einmal weideten unzählige, pechschwarze Angusrinder auf den saftigen hügeligen Weiden, auf denen einzelne Wolkenschatten langsam weiterzogen.
In Gumbinnen bzw. dem heutigen Gusev nahmen die Reisenden am folgenden Tage zunächst das Feuerwerk an Farben und den goldenen Prunk der orthodoxen Kirche in Augenschein, die erst jüngst vor zwei Jahren neu errichtet worden war. Just im Augenblick des Ausstiegs aus dem Van erklang das Glockenspiel. Hier im Umfeld entsteht derzeit mit immensem Aufwand ein repräsentativer Stadtplatz. Dennoch standen die betörende Schönheit und der damit widergespiegelte Reichtum dieser Kathedrale in einem gewissen Widerspruch zur bescheidenen Lebensqualität in manchen Stadtteilen und in den umliegenden Dörfern, wie überhaupt die ganze Reise von ähnlichen Kontrasten geprägt war.
Ein beliebtes Fotomotiv war jedoch die gewaltige Elch-Skulptur in Gumbinnen, bevor die evangelische Salzburger Kirche

besucht wurde. Hier berichtete der Deutschrusse Alexander Michel als umtriebiger und warmherziger *spiritus rector* und Tausendsassa von der diakonischen Arbeit über die sozialen Projekte wie etwa die Unterstützung von Kindern alleinerziehender Mütter oder von Schulklassen. Die Salzburger Kirche selbst war mit deutscher Unterstützung saniert worden. An der Salzburger Kirche trafen die Reisenden auch auf einen Trupp der Deutschen Kriegsgräberfürsorge aus dem Emsland, der sich in Ostpreußen um Soldatenfriedhöfe kümmert und mit allerlei Hilfsgütern angereist war. Den Hinweis auf einen dendrologisch wertvollen, aber völlig verwilderten Park im unweiten Dörfchen Ilinskoje, in dem deutsche und russische Soldatengräber aus dem ersten Weltkrieg unter uralten Bäumen vor sich hin wittern, nahmen sie gerne auf. Eine Hinweistafel erläutert dort, dass hier schon 1914 – im ersten Kriegsjahr – 66 russische und 77 deutsche Soldaten in einem erbitterten Gefecht gefallen waren.
Ein echter Höhepunkt der Reise war auf dem Wege nach Königsberg dann der Besuch des mit Wladimir Putins Billigung als kleines Museum hergerichteten Kanthauses in Weselowka, dem früheren Judtschen und Kanthausen. Hier wirkte der große deutsche Philosoph drei Jahre lang als Hauslehrer eines Pfarrers. In seinem Hauptwerk „Kritik der reinen Vernunft" formulierte Kant den berühmten „Kategorischen Imperativ", der auch im Gasthaus in Trakehnen auf Deutsch an der Wand geschrieben stand:
„Handle so, dass die Maxime Deines Willens jederzeit zugleich als Prinzip einer allgemeinen Gesetzgebung dienen kann." Das passt zu den zwei Dingen, die Kant einst Ehrfurcht und Bewunderung abnötigten: *„Der gestirnte Himmel und das moralische Gesetz in mir."* Später in Königsberg standen die Besucher aus Deutschland dann auch vor dem Grab des Denkers am dortigen Dom. Die in den roten Granit eingravierte Inschrift KANT in Versalien hat übrigens keine Rundungen, nur Kanten...
Eine willkommene Abwechslung im weiteren Verlauf der Reise war folgend die Begehung einer Hängebrücke über die Pissa im ehemaligen Insterburg. In herrlicher Natur fließen unweit die Inster und die Pissa zum Pregel zusammen. Unmittelbar angrenzend befindet sich die Georgenburg, in deren Nähe das gleichnamige Reitgestüt immer noch betrieben wird. Bei der Stippvisite übte gerade eine Reiterin auf dem Parcour für ein

bevorstehendes Dressurreiten. Ein paar Kilometer weiter besichtigte die Gruppe noch eine nicht mehr betriebene und vor sich hin rostende Schleuse und Brücke über einen Nebenarm der Pregel. Die benachbarte moderne Straßenbrücke hatte übrigens militärische Bedeutung, so dass hier Fotografieren streng verboten war.
Die Fahrt ging nunmehr weiter nach Tapiau, wo sich ein schauerlich anzuschauendes Gefängnis befand. Gerhard Scheer hatte für diesen Standort auch sogleich einen alten Spruch parat: „Wer nichts wagt, kommt nach Welau, wer zuviel wagt, kommt nach Tapiau.“ Einen direkten Blick über den Fluss zu den Knastmauern hatte einst der große Kunstmaler Lovis Corinth (1858-1925), dessen katenartiges Geburtshaus hier immer noch steht, wenn auch im ruinösen Zustand. Immerhin weist ein Schild auf den Maler und die geplante Sanierung des elterlichen Häuschens hin. Corinth war neben Max Liebermann und Max Slevogt einer der bedeutendsten Vertreter des deutschen Impressionismus, wendete sich später auch noch dem Expressionismus und der Moderne zu. Es lohnt sich auf jeden Fall, sich für seine Werke zu interessieren.
Mit großen Erwartungen fuhren die drei Frauen und fünf Männer aus Westeuropa danach der altehrwürdigen preußischen Stadt Königsberg entgegen, welches heute Kaliningrad heißt. Hier wurde zuerst die neue orthodoxe Kathedrale besichtigt, deren innere Farben- und Formenbrillanz sehr beeindruckend ist. Nicht nur bei den Ikonen – den typischen Darstellungen von Heiligen – herrschen vor allem Gold, rot, gelb und ein sehr helles Blaugrün vor, ohne das Madonnenblau zu vernachlässigen. Vorbei an der alten Festung und der wunderschönen Synagoge ging es dann zum großartigen Dom der Stadt. Er ist ein mächtiges Baudenkmal der Backsteingotik. Der massive Bau, an dessen Außenmauer auch Immanuel Kant begraben liegt, war und ist wieder das bedeutendste historische Bauwerk der im Zweiten Weltkrieg zerstörten und danach eingeebneten Stadt. Hier wartete auf einige Teilnehmer der Reise ein ganz besonderes Erlebnis: Ein Orgelkonzert, bei dem unter anderen die berühmte „Toccata und Fuge in D-Moll BWV 565“ von Johann Sebastian Bach erklang – eines der anspruchsvollsten Werke der Musikgeschichte, die nicht nur unbedarften Zuhörern einiges abverlangt und auch im 20. Jahrhundert komponiert worden sein könnte, wenn denn überhaupt jemand dazu in der Lage wäre.

Nach einer verhandlungsintensiven Begegnung mit einem mobilen Bernsteinhändler, mit dem die Deutschen schließlich gut ins Geschäft kamen, ging es folgend quer durch das Samland und vorbei an Elch-Warnschildern, Kiefern und sonnendurchfluteten Perückensträuchern zur einzigartigen Kurischen Nehrung, von der schon die ZEIT-Herausgeberin und Ostpreußin Marion Gräfin von Dönhoff schwärmte. Der spätere Blick auf die riesigen Sanddünen in Richtung Nidden und litauischer Grenze auf diesem äußerst schmalen Festlandstreifen zwischen Ostsee und Kurischem Haff wird den Teilnehmern der Reise wohl noch lange in Erinnerung bleiben. Ebenso aber auch der Besuch der dortigen Vogelwarte, in der die (auch) deutsch sprechende, professionelle Ornithologin den Gästen ausführlich die ausgedehnte Netzfanganlage erläuterte sowie eine Beringung einer blutjungen Blaumeise „live“ vorführte. Da staunte man nicht schlecht. Und das Vögelchen auch nicht. Sie schickte die kleine Meise dann auf die Reise: in die Freiheit. Auf dem Gelände entdeckten die Deutschen zuvor auch noch ein weniger freiheitliches Gebäude – ein echtes Hexenhäuschen, welches nicht unerwähnt bleiben soll. War es früher die böse Baba Yaga, die dort ein und aus ging, so wird es heute nicht selten von mancher lieben Baba Yoga betrachtet... Diese essen dann sogleich die berühmten Plinsen mit Quark an einem Stand an der Straße, wodurch sie noch viel lieber werden.
Nach einer Übernachtung vor den Toren Kaliningrads und dem Grenzübertritt nach Polen stand die Bartensteiner Gegend in Ermland/Masuren auf dem Programm, denn im dortigen, ehemaligen Dörfchen Sandlack (heute Sedlawki) hatte Hansi H. während der Flucht mit seiner Familie bei Kriegsende etwa ein Jahr verharren müssen, weil die Front mit der Roten Armee den Ort erreicht hatte und neuer Herr des Geschehens war. Er war damals um die vier Jahre alt, konnte aber heute jene Kate mit den zwei alten Schornsteinen, in der er damals wohl untergebracht war und im nahen Bach Fische beobachtete, noch gut identifizieren. Das war ein denkwürdiger Augenblick für die ganze Familie.
Hansi – heute Ende 70 - erzählte bei dieser Gelegenheit noch einmal ein erschütterndes Erlebnis von damals: Seine Mutter hatte nach der von den Russen angeordneten Arbeit auf den Feldern heimlich einen kleinen Sack Kartoffeln bei der Rückfahrt vom Pferdewagen abgeworfen, um ihn später zur Ernährung

ihrer hungrigen Kinder ebendort und ebenso heimlich wieder abzuholen. Dies war jedoch beobachtet und verraten worden, woraufhin am folgenden Tage ein Kommando der Roten Armee erschien, welches schon die Kalaschnikows in Richtung der Mutter im Anschlag und durchgeladen hatte. Als sich die Kinder daraufhin an die Mutter warfen, gab der Offizier nach einigem Zögern das Zeichen, die Waffen zu senken.
Soweit diese kleine, aber doch große und nahegehende Geschichte. Sie mag Anlass sein, sich die ganz große Geschichte, den Willen zum Frieden und zur grenz- und systemüberschreitenden Freundschaft zwischen den Menschen zu vergegenwärtigen und die damalige schwere deutsche Schuld, in deren Folge viele Millionen Menschen sterben mussten, niemals zu vergessen. Diese Schuld lastet in seltenen Fällen immer noch, aber in den meisten, weil zivilen Fällen **nicht** auf den damaligen Vertriebenen, Flüchtlingen und Nachgeborenen, die und deren Kinder heute zurecht nach der damaligen Heimat fragen. Aber sie alle haben eine Verantwortung, dass so etwas niemals wieder passiert.
Zurück aus der Vergangenheit und dennoch vorwärts „zurück", denn die Begriffe wackeln bei einer solchen Reise: Über die oftmals schnurgerade alte Reichsstraße 1 und über Flüsse namens Alle und Simsa fuhr die Reisegruppe durch das Oberland mit herrlich weiten Blicken in die mit sämtlichen Grüntönen ausgestattete Landschaft und durch die wunderbar anzuschauenden und geschichtsbehafteten Städte Heilsburg und Gutstadt (Dobre Miasto) mit ihren backsteingotischen und ordensritterlichen Burgen und Kirchen hin zum Oberlandkanal. In Elbing (Elblag) konnte man zwischendurch noch immer die verheerende Kriegszerstörung durch die Briten nachvollziehen, aber auch die historisch nachempfundene Altstadt auf den alten Fundamenten sowie das malerische Wasserpanorama mit der großen Stadtkirche bewundern. Am Oberlandkanal dann wurde schließlich die einzigartige technische Anlage besucht, mit der Schiffe die einzelnen Höhenunterschiede nicht mit gewöhnlichen Schleusen, sondern lediglich über Wasserkraft mit entsprechenden Stahlseilzuganlagen und Schienen überwinden – also zu Lande!
Nun aber war der Weg frei – ebenfalls zu Lande - für einen Kurzbesuch der großartigen Hansestadt Danzig – die heute Gdansk heißt. Mit einem Spaziergang durch die schmucke Altstadt mit ihren historischen Kirchen, Ständehäusern,

Hafenspeichern und Renaissancegiebeln ging diese unvergessliche Reise für einen Teil der Gruppe rundherum erfolgreich zu Ende, während die anderen am Folgetage noch nach Stettin weiterfuhren. Zu konstatieren war ein wundersamer Reigen von persönlichen Erinnerungen, Erkenntnissen und Entdeckungen, von sanften und doch herben ostpreußischen Landschaften und ihrer Tierwelt; von alten Ordensburgen, Kirchen und Schlössern und nicht zuletzt von den Menschen, die dort heute leben und ihr Zuhause haben. Zuhause ist jedoch ein vielschichtiger Begriff. Vielen Dank allen Beteiligten.

Warum ich nicht gern telefoniere

Am Telefon bin ich nicht immer, aber doch gelegentlich kauzig, kurzatmig, wortkarg, unterkühlt und kurz angebunden. Ich kann das nicht ändern. Ich empfinde es als Idealzustand, mit einem guten Freund oder einer Partnerin niemals im Leben auch nur ein einziges Wort telefonisch gesprochen zu haben. Mit anderen Leuten noch weniger. Na gut, zugegeben, wenn es eine lebensnotwendige Frage gäbe, die mit einem einzigen Wort beantWortbar wäre, dann würde ich vielleicht eine Ausnahme machen. Man kann aber dem Gegenüber „am Draht“ nicht ins Auge schauen, sieht nicht, wenn er die Augenbrauen hochzieht oder die Stirn runzelt oder blöde grinst oder lieb die Augen verdreht, alles ist ein einziger Fake. Der oder die - da irgendwo - kann jederzeit abbrechen, mit welcher Begründung auch immer. Am Telefon zu sprechen bedeutet also, ständig die Mündung eines Revolvers auf seiner Brust zu spüren. Das macht zahm, angepasst, weich und schließlich falsch. Verlogen! Man verdreht sich aus Entgegenkommen. Wenn man ehrlich bleibt, legt entweder der andere oder man selbst früher oder später einfach auf. Telefonieren heißt also herummenscheln. Ein bisschen freundlicher sein als man wirklich ist. Ist das Autismus, Asperger, Arroganz oder Arschlöchrigkeit von mir? Nein. Das gesprochene Wort ist flüchtig und geschönt. Ich lehne das ab. Das telefonische Labern ist oberflächlich, unkontrolliert, abwechselnd entscheidungshemmend oder -wütig, anfechtbar, sich selbst widerrufend, bar jeder ruhigen rationalen Abklärung, eitel, selbstherrlich, zwanghaft, fortwährend getrieben und schließlich redesilber, nein: redeblechern. Die sogenannten sozialen Medien haben diese vom Eigentlichen ablenkende Praxis noch einmal vervielfacht. Schlussendlich gebe ich jedoch zu, dass Telefongespräche in Ausnahmefällen doch Sinn haben können: Zum Beispiel, wenn ich mein Gegenüber frage, ob wir ein Bier trinken gehen wollen.

17. Die erfrischend lebendige Jazzszene Magdeburgs

Vorbemerkung: Meine tiefe, seit dem sechsten Lebensjahr bestehende Bindung zum Jazz ebnete mir auch meine berufliche Entwicklung. Friedemann Krusche, Sohn des Magdeburger Bischofs, druckte als erster meine Rezensionen von Jazzkonzerten in der damaligen Tageszeitung „Der Neue Weg" ab und holte mich später gänzlich in die dortige Redaktion. So konnte ich den avantgardistischen Jazz und seine Szene in Magdeburg viele Jahre lang medial begleiten. Als die Zeitung KOMPAKT 2022 einen Aufruf startete, das DDR-Klubleben in der Stadt widerzuspiegeln, entstand der folgende Text. Ich widme diesen Text meinem Freund Friedemann, der sich kurz nach der politischen Wende vom Hochhaus in der Erzberger Straße aus dem 16. Stock willentlich aus gesundheitlichen Gründen in den Tod stürzte. Nun also:

Von der frühen Mitte der siebziger Jahre bis hin in die Zeit des politischen Herbstes 1989 und darüber hinaus konnte man von einer äußerst lebendigen Blues- und Jazzszene in Magdeburg sprechen. Hier brodelte und quackerte es nicht nur musikalisch herzerfrischend, sondern unter der Schwelle auch politisch temperierter als in der übrigen ostdeutschen Provinz. Stets von der Staatssicherheit „begleitet", traf hier die ambitionierte Subkultur eines gebildeten Musikpublikums auf eine ausgesprochene Hochkultur nationaler und internationaler Jazzgrößen.
Jazz ist nach meiner Erfahrung, wenn das Kondenswasser der Posaunen in irgendein Cocktailglas tropft und die Paare wie von Sinnen zum nächsten spontanen Beifall oder gar Tanz ansetzen, wenn während der Konzertpause in der benachbarten Clubküche gerade ein Stapel Teller versehentlich zu Boden gekracht war. Diese Begeisterungsfähigkeit wurde in Magdeburg geradezu gelebt.
Von dem eingangs erwähnten Zeitrahmen etwas abweichend, darf an dieser Stelle natürlich zunächst das Konzert des King of Jazz in der Magdeburger Gieselerhalle nicht unerwähnt bleiben. Louis „Satchmo" Armstrong hatte sich hier ein bei Besuchern unvergessenes Stelldichein gegeben, nachdem er auf dem Wege von Berlin nach Magdeburg in einer Genthiner Kneipe auf eigenen Wunsch eine schnöde DDR-Bockwurst mit Kartoffelsalat verzehrt hatte. Bevor seinesgleichen und die

Sängerin Jewel Brown sowie Gespielen wie Edward Schoolman oder Tyrie Glenn dann an der Elbe gefeiert wurden, hatte Satchmo dem gespannten Publikum zunächst nur einmal kurz seine Trompete durch den Vorhang lugen lassen – und die Halle tobte.
Wenn später Manfred Krug in einem seiner letzten DDR-Konzerte am 31. Januar 1977 in der Magdeburger Stadthalle „auch jene herzlich“ begrüßte, die „nur dienstlich anwesend sind“, gebar dies ebenso deutlichen Beifall und dazu zahlreiche Lacher in jener Zeit des kulturellen Aderlasses Richtung Westen. Einfach haften bleiben gleichfalls die Auftritte von „Manne“ mit Uschi Brüning mitsamt der Günther-Fischer-Band im legendären Impro am Hasselbachplatz, dessen Handverlesenheit des Publikums allerdings immer ein gewisses Rätsel blieb. Die bisweilen schier exotischen Podien großartiger Jazzkonzerte jener bewegten wie bewegenden Zeit an der Mittelelbe lassen Eingeweihte jedoch wehmütig werden. Ein Ausschnitt:
Im Klubhaus der Eisenbahner etwa präparierte Hermann Keller die Saiten seines Flügels mit Metallstücken und gelegentlich auch mit Plastikdeckeln von schimmligen Quarkbechern des Konsum-Einzelhandels, bevor er seine experimentellen Soli hinlegte. Keller überschritt dabei bewusst die Grenzen von freiem Jazz und Neuer Musik. Der kindlich-ungezwungenen, ja eruptiven und jeder konventionellen Norm entledigten Freiheit des Spiels fühlte sich auch der Altvater des westdeutschen Jazz Peter Brötzmann aus Wuppertal verpflichtet, als er im Saal der Freien Kammerspiele mit seinem Saxophon nicht nur die Sau, sondern wahrscheinlich auch alle Ferkel gleich mit heraus ließ, so dass ein Jazzrezensent in der Magdeburger Presse daraufhin die Maßeinheit von Jazzintensität als „Brötz“ definierte.
Mit gefühlt etwa 87 Brötz schien später auch Ernst Ludwig „Luten“ Petrowsky sein Saxophon zu bearbeiten, als im Puppentheater an der Warschauer Straße sich plötzlich eine Amsel durch das geöffnete Fenster an den Klangexperimenten beteiligte. Petrowsky bemerkte dies sehr wohl und ließ sich auf eine Art „Frage-Antwort-Spiel“ mit dem Vogel ein, in das der zunächst verblüffte Bassist Peter Kowald später wie selbstverständlich einstieg und damit ein Trio der etwas anderen Art geboren worden war.
Einer, der den nikotin- und alkoholgeschwängerten Dunst Magdeburger Jazz-Locations immer wieder mit expressiven und mit bis dahin sowohl ungehörten als auch unerhörten Klängen

durchfurchte, war der Dresdner Schlagzeuger und Percussionist Günter „Baby“ Sommer, später Professor an der dortigen Musikhochschule. Im Lokschuppen auf dem Hauptbahnhof bot er den einfahrenden Zügen klanglich Paroli, im Kellertheater an der Uni ließ er mit dem Pianisten Ulli Gumpert erahnen, was später einmal in das legendäre Zentralquartett münden sollte, und im Puppentheater spannte er sich wie ein Pferd vor sein Schlagwerk, um es nach hinten ausschlagend zu bespielen, was Begeisterungsstürme bei den Magdeburgern generierte.
„Jazz hats!“ oder „Jazz oder nie!“ raunten die Leute auch bei einem der skurrilsten Auswürfe Magdeburger Jazzkultur, als in der Oskar-Linke-Schule an der Diesdorfer Straße Manfred Schulze mit seinem Baritonsaxophon erschien und der Lehrerschaft den Angstschweiß auf die Stirn trieb. Schulze, der kurze Zeit später bedauerlicherweise in eine psychiatrische Anstalt eingewiesen werden musste, hatte dort mit seiner Band das freie Spielen derart bis zum Exzess kultiviert, dass niemand mehr so recht wusste, wo er sich eigentlich befand oder denken oder fühlen sollte.
Nur wenig strukturierter ging es zuvor im Hörsaal 5 der Guericke-Universität zu, als der Schwede Sven Ake Johannson mit seinem von allerlei Gongs und Klanghölzern strotzenden Schlagwerk ein wahres Klangspektakel in die 45-Grad-Achse des studentischen Publikums schmetterte. Dies war jene wundersame Zeit, als ein schieres Meer von grünen Parkas zu gleicher Stunde zum Klubhaus der Stahlgießerei Rothensee pilgerte, um Bluesbands wie Stefan Diestelmann, Engerling oder Jürgen Kehrt zu erleben. Sozusagen: Als der Saal gehärtet wurde.
Im „Talente“, dem Klubhaus neben dem AMO, spielte die Hannes-Zerbe-Blechband den „Sonntag im Altweibersommer“ und machte Appetit auf die Bands FEZ und „Synopsis“, welche Free in Reinkultur zelebrierten. Einweihte wussten allerdings, dass hinter all dem noch so freien und vermeintlich „verrückten“ Spiel immer eine musikalische Idee steckte. Mehr noch: In einem einzigen Stück war die ganze Welt zu entdecken. Wenn man es nur wollte. Die Stücke schienen vom Teufel persönlich am Kessel entworfen, aber der Abstand zum Himmel voller Geigen verschmolz zu einem komplexen Nichts, es entstand ein wundersamer, bis in das letzte Fiepen des Sopransaxophons gewollter Kosmos der Klangdichte.
Von einem solchen konnte man auch im Keller des „Exlibris“

unter der Stadtbibliothek sprechen, als sich dort einst die Posaunenbrüder Conny und Johannes Bauer nebst innovativer Zirkular-Atmung zu einem wahren Feuerwerk mit dem herrlich eigenwilligen Saxophonisten Dietrich Diesner emportrieben. Ein anderes Mal holte der wunderbare Gitarrist Joe Sachse den krachenden Schraubenzieher heraus, um dem akademisch daherkommenden Genius Uwe Kropinski zu antworten und die Antwort fiel mehr als überzeugend aus. Die Zahl der Beispiele ließe sich noch lange fortsetzen.
Die kleine Rückschau sollte die Lebendigkeit der Magdeburger Jazzszene nicht umfassend darstellen, sondern nur ihre höchste Qualität illustrieren. Alexander von Schlippenbach, Andreas Altenfelder, Hans-Karsten Raecke, Albert Mangelsdorff, Irene Schweitzer und Willem Breuker sind nur wenige Beispiele herausragender Könner im europäischen Kontext, die Magdeburg sah und hörte. Ganz bewusst aber soll und muss hier ein letztes Beispiel beim Namen genannt werden:
Das mutige Experiment der Kombination Kirchenorgel-Saxophon, welches das Kloster Unser Lieben Frauen einst durchdrang. Denn es war kein Geringerer als Warnfried Altmann, der hier gemeinsam mit Heinz-Günther Wauer an der Orgel ein erstes Mal Grenzüberschreitungen wagte und diese später u. a. um den schon genannten Baby Sommer ergänzen konnte, der seinerseits wiederum mit dem viel zu früh verstorbenen Schriftsteller Ludwig Schumann literarisch-musikalische Projekte für unsere Region verwirklichte.
Aber Altmann ist eben nicht nur ein innovativer Jazzer von kaum je erlischender Frische, sondern auch derjenige, der die Magdeburger Jazzszene in jener Zeit neben dem großartigen und verdienstvollen Christian Wiechert entscheidend entwickelte, prägte, vorantrieb und Konzerte von internationalem Rang überhaupt erst möglich machte. Beide traten das gewisse Erbe von Jörg Zieprig an, der die AG Jazz in Magdeburg einst gegründet und sich dann aber nach Berlin verabschiedet hatte. Den Herren Altmann, Wiechert und Zieprig sei an dieser Stelle ein großer Dank ausgesprochen.

18. Essay: Von Farben, Bäumen und der Mitte

Von der Mitte geht eine eigentümliche, etwas antagonistische Faszination aus. Jeder will dazugehören, aber keiner dabei sein, denn Mitte klingt ja auch nach Mittelmäßigkeit. Nach grauer Masse. Nach langweiliger Mehrheit. Aber: Ohne die Mitte läuft eben auch nichts, schon gar nicht das Bruttosozialprodukt. Und da nicht dazuzugehören klingt ja beinahe so, als sei man Angehöriger des Netto-Asozialprodukts. Und das will auch wieder keiner.

Die etablierten Parteien missbrauchen den Begriff der Mitte vor, während und nach jeder Wahl. „Wir sind die Mitte." Denn rechts zu sein klingt nach Nazis und links zu sein nach Kommunisten. Also singen sie das Lied, jene verschwurbelte Mehrheit zu vertreten, die sich irgendwie bürgerlich nennt. Die FDP hat dazu noch die Liberalität hinzugedichtet, wissend, dass diese Freiheit in Wahrheit nur ihre Klientel der Wirtschaftsbosse, Finanzjongleure, Rest-Adligen, Rechtsanwälte und Steuerberater in Anspruch nehmen kann.

Oder haben Sie, ja Sie!, schon einmal als Wirtschaftskrimineller einen Deal mit Juristen gemacht und sich für ne lächerliche Million von der Haft freigekauft? Oder waren Sie schon mal Gast bei Will oder Lanz? Wohl kaum, denn dort sitzen verlässlich nur immer die gleichen Figuren nach beschriebenem Muster. Und merken nicht, wie überdrüssig man ihrer wird. Neulich bei Anne Will hatte man gleich vier (als Zahl 4!) absehbar in ein Horn gegen Sarah Wagenknecht blasende Diskutanten eingeladen. Ist das fair, pluralistisch, ausgewogen, demokratisch?!

Für die "Außen" von rechts und links ist die Mitte umgekehrt der Abgrund aller Gleichmacherei, ungelöster Probleme, ein Signum der Unschärfe, ein Fanal des Ungefähren, ein Zeichen von Verzagtheit, mangelnder Courage, difizitärer Konsequenz, eine verschwommene und vor allem konturlose Masse wie ein amorpher Brei, der nach nichts und allem schmeckt.

Der vor sich hin quackert, aber niemals den Tellerrand erreicht. Niemals überläuft. Und entsprechend uninteressant aussieht! Denn wenn alle Farben in etwas beigemengt werden, entsteht eine Art aschgraubraun, nicht eben sehr appetitlich. Die Mitte als solche ist also offenbar nicht eben attraktiv.

Aber, trotz Wagenknecht: Die Mitte trägt, der Rand - er prägt. Jedenfalls die öffentliche Diskussion, wenn er mehr Gewicht erlangt, als ihm zukommt. Genau wie bei einer auf den Rand

gestellten Münze. Mir jedenfalls sind Kopf oder Adler als Informationsträger immer noch wichtiger als die Kreuze, Sterne und Strichlein auf dem Rand. Kreuze von bigotten Christen, Sterne von Heilern und Deutern des Esotherikums, Striche, auf denen sie gehen, diese Marktschreier auf dem Jahrmarkt der Eitelkeiten des Glaubens, der ohne jedes faktisch bewiesene Wissen auskommt. Dennoch braucht die tragende, aber träge Mitte Impulse von außerhalb, manchmal auch radikale. Erst recht angesichts des neoliberalen Kapitalismus, der von den öffentlich-rechtlichen Medien kaum thematisiert wird.
Brüllen aber die von Außen noch mehr als die geschilderten Etablierten? Ja, weil sie naturgemäß weniger öffentliche Aufmerksamkeit genießen. In einer gesunden Demokratie, im so genannten Pluralismus, heißt es, sind diese Extremen ein Quäntchen mehr Zielscheibe als Schütze im öffentlichen Diskurs und seinem Common Sense, solange alles – die Mitte also - funktionieren soll. Man muss ja nicht unbedingt die gelackte FDP wählen, um sich mit diesem Grundsatz anzufreunden.
Wenn ich auf das Bild der Münze zurückkomme, dann eben doch lieber das Antlitz des ganzen Kreises, beidseitig, als der Rand dieses Kreises, auf dem einfach weniger darauf passt – weniger Meinung, weniger Vielfalt, weniger Information überhaupt. Ob Kopf oder Adler, das ist hier die Frage, wobei auch der Adler einen Kopf hat, sich die beiden Kehrseiten der Medaille also näher sind, als ihnen öffentlich lieb ist. Denn sie wollen unterscheidbar bleiben, weil sie Wahlen gewinnen wollen, um Haupt-Marionetten zu werden.
Die Mitte hat trotz allem verdammt viele Vorzüge, die wir jedoch erst erkennen würden, wenn es sie nicht mehr gäbe. Die Mitte ist grau, aber unendlich schön. Wie ein sensibles, sublimes Schwarz-weiß-Foto. Ein Grund, die Farbe Grau als eine der schönsten Farben zu erküren. Und es gibt, wenn man genau hinsieht, unendlich viele Varietäten von Grau. Die Grautöne sind viel interessanter als andere, weil sanfter, verbindlicher, leichter verschmelzend und nicht grell.
Das verblichene, kaum noch erkennbare Rot, aber auch das allzu düster-knöcherne Schwarz, das eitel-protzende Gelb und das Giftgrün sind darin irgendwie enthalten, fließen fortwährend ein. Strampeln aber wie auf dem Rücken liegende Käfer, damit man an ihren bunten Beinchen noch die Farbe erkennt.
Ich jedenfalls mag diese bunte Scheinwelt der extrovertierten politischen Klasse mit ihren gelackten Selbstdarstellern nicht

mehr. Blau ist geschichtsvergessen, hat aber alte Sympathien meinerseits, vielleicht, weil es die Lieblingsfarbe der Künstler ist oder weil der Blues sie im Namen trägt oder weil „blau sein“ ein Zustand ist, der belächelt, aber niemals belacht werden sollte. Vielleicht sollte man Blaugrau neben Aschgrau ebenfalls als integre Farbe zulassen, wenn ich das augenzwinkernd sagen darf. Denn meine Augen sind ebenfalls blaugrau. Blaugrau erkläre ich hiermit zur unerklärten Farbe der Mitte. Zur Farbe dieser Welt und unserer Erde, denn Himmel und Meer sind ebenfalls blau und grau und viel dazwischen. So, die Farbe aller Farben ist also endgültig definiert.

Die Mitte kann aber noch weit mehr, als die schönste aller Farben zu repräsentieren. Sie kann zum Beispiel vermitteln, sie kann verbinden. Sie kann alle jene ins Boot zurückziehen, die sich zu sehr ins Braun oder Ultrarot verliebt haben. Die Braunen und Ultraroten hätten diese Kraft nicht. Aus Überzeugung nicht. Dies ist ein schwerer wiegender Mangel, als in ein falsches Boot einzusteigen. Diese Tatsache wird schwer unterschätzt. Weil sie mit menschenverachtendem Geiste zu tun hat.

Unter dem Mantel der Pluralität haben eben auch kratzige Inlets Platz. Gesteppt plustern diese sich dann auch manchmal sehr auf. Gehen vielen Einfältigen schon deshalb näher ans Herz, weil sie innen einfach näher dran sind. Wie Parasiten unter der Borke eines Baumes, die ihn auf Dauer zerstören. Wie Borkenkäfer. Einen Baum zerstören wollen, dessen Mitte der gesunde Kern ist. Der die Baum-Masse ausmacht. Der das härteste, beste Holz liefert.

Allerdings, und zugegeben: Ein Baum ist nebenher auch kranke Borke, fallendes Laub, faule Früchte oder - satirisch überspitzt: Ein bei schweren Unwettern durch einen umstürzenden Baum tapfer sterbender, deutscher Spießer, der in seinem Auto gerade die BILD-Zeitung las oder DLF-Kultur sonntags um 10 Uhr im Radio hörte. Das gehört eben alles dazu zu einem durch und durch guten Baum.

Das Letzte, was eine - sagen wir einmal - Eiche ist, ist jedenfalls, dass sie deutsch ist. Eine Eiche ist eine Eiche. Sonst nichts. Sie ist weder national definiert noch will sie alle ihre Eicheln immer und überall gleich behandeln. Eine Eiche verkörpert die kerngesunde Mitte von uns allen. Mit allen Vor- und Nachteilen. Eine Erle, Schwarzkiefer, Eberesche, Sumpfzypresse, Hängebirke, Korbweide oder Strobe auch. Bäume sind uns weit voraus, und ich verstehe immer mehr,

warum sie meine Frau Beate bei jeder Gelegenheit umarmt. Ganz abgesehen vom Schatten, den Bäume spenden, von der Gelegenheit, unter ihnen zu lieben, zu dinieren, zu lachen oder froh zu sein, von den herrlichen Früchten, die sie spenden, von dem jahreszeitlichen Farbspiel, welches sie bieten, von dem Schutz, mit welchem sie uns überdachen, von der immerwährenden Sauerstoffkur, die sie nebst der Fotosynthese erzeugen, von der Pracht und Herrlichkeit in Ewigkeit, von solcher bigotte Politiker nur träumen können.
Eine Kinderschaukel an einem horizontalem Ast einer Eiche ist ein ganz und gar positives Sinnbild ganz fern von pseudoromantischem Kitsch. Es ist Ausdruck von Friedlichkeit und Zukunft. Bäume sind stark, aber auch schwach, wenn Menschengemachtes sie vernichtet. Es soll Finanzjongleure geben, die noch nie einen Baum gesehen oder gar unter ihm gesessen haben.
Es gilt, Bäume als Lebewesen, aber auch als Allegorie der Mitte zu erhalten. Rechten oder linken Quer- und Querdenkern scheint dies fremd zu sein, aber leider auch den meisten Politikern der so genannten "Mitte", die man etabliert zu nennen pflegt. Bäume können sich nicht erlauben, kranke Blätter, totes Astwerk oder Früchte zu erhalten, subversive Randerscheinungen. Wenn diese sie nicht überwältigen, müssen sie überwältigt, also abgeworfen werden. Sie fallen in ein weiches Moos, manchmal ist es allzu weich geraten.
Bäume im Übrigen würden nie auf die Idee kommen, in ihrem Grundgesetz nur Eichen oder Buchen zuzulassen. Darin, in ihrer „Verfassung“, haben alle Bäume dieser Welt Platz. Allerdings nur dort, wo sie am besten gedeihen können. Hier schließt sich der Baumkreis:
Die Mitte ist eben überall, hat vielleicht immer andere Namen, aber die Achtung vor dem Leben und vor der Selbstbestimmung des Wachstums gilt immer und überall. Wenn die Selbstachtung der Bäume, also sozusagen die Mitte der Mitte, jemals vernachlässigt werden sollte - und diese unsere Zeit riecht danach - droht existenzielle Gefahr.

Sternenstaub

Ein Stern ist kein Stein
Er ist nicht so klein
Ein Stein ist kein Stern
Er ist nicht so fern

Das All, sagt Einstein
Muss relativ sein
Und manch so ein Stern
ist relativ klein

Und fällt so ein Stern
Mal in dein Gehern
Ein Funke ist dein
Und du lobst den Herrn

Doch fällt mal ein Stein
Dir einfach aufs Bein
Verfluchst du den Herrn:
Ach hab mich doch gern

Die Sterne und Steine
Und unsre Gebeine
Sind alle das Eine
Und das ist das Seine.

19. Sieben oder 700 Sachen?

Urlaub steht an. Also ist Packen angesagt. Was braucht ein Mann? Eine Zahnbürste und einmal Wechselunterwäsche, die fast noch in die Waschtasche passt. Alles Weitere kann improvisiert werden. Man fühlt sich einfach freier und wohler ohne viel Klimmbimm und Krimskrams. Aber na gut, weil ich das Verhältnis der Taschenanzahl von mir und der meiner Frau nicht allzu krass aussehen lassen wollte, habe ich meine sieben Sachen eben in eine kleine Sporttasche gelegt und nicht in meine Jackentaschen verteilt.

Das Ganze fünf Minuten vor Abfahrt. Der Boden war immerhin bedeckt. Damit es nicht so auffällt, habe ich die Tasche dann weiter mit Zeitungspapier ausgestopft. Ich hätte meine Wäsche gut und gerne auch in die mit einem Reißverschluss versehene Seitentasche einer der beiden großen Koffer meiner Liebsten quetschen können, aber das hätte Ärger gegeben, denn die Socken wären zerknittert worden und ich gänzlich taschenlos gewesen.

Seit einigen Tagen waren i h r e Abende nun bereits mit dem Packen ausgefüllt. Die Koffer fühlten sich so an, als wären sie mit Wackersteinen gefüllt worden. Jedenfalls befanden sich in meiner Männertasche weniger Gegenstände als nur allein die Zahl der Koffer, Körbe, Rucksäcke, Reisetaschen, Klappkisten, Campingbeutel, Umhängetaschen und Plastiktüten meiner Partnerin.

„Machst Du eine ganzjährige Expedition an den Nordpol?", wollte ich wissen. „Nein, wieso?" war die lapidare Antwort. Hmm. Mit unschuldigem Wimpernschlag fügte sie hinzu: „Schatz, kannst Du noch diese Schuhe hier bei Dir mit reinpacken?!" Ja, konnte ich locker... Sie darauf weiter: „Hast Du wenigstens Deine Schlappen mit eingepackt?" „Nein, brauche ich nicht." Ein Mann friert nie. Diese eigentümliche Konversation wiederholt sich Jahr für Jahr, fast wortgleich. Da fehlt dann immer nur noch: „Du kannst Deine Sachen packen!"

Nachdem wir diese verdrießliche Zuspitzung in jenem Jahr vermeiden konnten und es dann schließlich doch los ging, glichen wir wie immer einer Karawane. Am Urlaubsort angekommen, wurde es mir plötzlich kalt an den Füßen in den dort fies gefliesten Räumen. So fragte ich kleinlaut: „Liebste, hast du eventuell meine Schlappen mit eingepackt?“ Sie kurzatmig: „Ja, hab ich.“ Ich noch leiser: „Du bist wirklich ein Schatz…“

A remarkable village

Behind the mountains, in deepest wood
A small village is in light of time
Inhabitants are eating food by foot
They just do it because of the rhyme

Was bleibt?

Von der Antike die Philosophie
Von der großen Zeitenwende der Glaube
Vom frühen Mittelalter die Fantasie
Vom späten Mittelalter der kritische Geist
Von der Romanik und Gotik die Architektur
Von der Renaissance die Bildende Kunst
Vom Barock die Musik
Vom 18. Jahrhundert die Aufklärung
Von der Romantik die Literatur
Vom 20. Jahrhundert die deutschen Menschheitsverbrechen
Vom 21. Jahrhundert: Digital mit KI und kapitalistischer Rasanz
zur Hölle

20. Wenn man Kanzler(innen) begegnet

In meinem beruflichen Leben hatte ich ziemlich eigenartige, sehr unterschiedliche Begegnungen mit vier unserer bisherigen Bundeskanzler(innen). Diese sollen hier geschildert werden.

Es begann mit **Willy Brandt**. Im Dezember 1989 - da war Kohl längst Kanzler und bereits dabei, sich die feindliche Übernahme der D“D“R zurecht zu legen - hatte der Willy Magdeburg als eine der Städte auserkoren, die er unmittelbar nach dem Fall der Mauer am 9. November besuchen wollte. Es war der 19. des Monats, als er kommen sollte. Oberbürgermeister war damals der SED-Mann Werner Nothe, als hilfloser Intermezzo-Versuch zwischen dem SED-Altvorderen Werner Herzig und dem später folgenden, demokratisch gewählten Willi Polte.
Seltsamerweise hatten sich trotz turbulenter Zeiten nur wenige Journalisten im großen Foyer des Magdeburger Rathauses zum Brandt-Besuch eingefunden. Karla Götz von der kurzzeitig existierenden „Magdeburger Allgemeinen“ und meine Wenigkeit vom „Neuen Weg“ hatten uns in der Saalecke schräg gegenüber des Eingangs aufgestellt, um das Geschehen zu beobachten. Alles wartete nun auf den großen SPD-Politiker und Staatsmann, der in Warschau auf die Knie gefallen war und den Friedensnobelpreis erhalten hatte.
Dann plötzlich öffneten sich die großen Glasportale und Willy und seine Entourage betraten tatsächlich das Rathausfoyer. Doch dann geschah das Unerwartete: Brandt begrüßte nicht etwa die Phalanx der beschlipsten und in manchen Fällen beschwipsten SED-Kommunalpolitiker und auch nicht Nothe, den er zunächst erst einmal etwas bedröppelt stehen ließ. Nein, er wechselte die Richtung und schritt diagonal durch den Saal, um zwei Menschen zu allererst zu begrüßen, die da im Distanz zeigenden, also gebotenen Räuberzivil als Pulloverjournalisten in der Ecke standen: Karla und mich.
Wir trauten weder unseren Augen noch Ohren, als uns Willy freundlich die Hand schüttelte und einige kurze Worte mit uns wechselte. Ich kann mich noch genau an den Händedruck des schon gealterten Mannes erinnern, nicht sehr fest, aber deutlich. Ich weiß es gar nicht mehr genau, aber ich glaube, ich stammelte so etwas wie „Herzlich willkommen in Magdeburg, Herr Brandt!“. Erst jetzt begab er sich zu den verblüfften Herren der Stadtverwaltung, um von ihnen in den großen Saal geleitet

zu werden.
Nachdem ich somit gerade einen ehemaligen Kanzler persönlich kennenlernen durfte, sollte dies im Saale später auch mit einem künftigen geschehen. Dort nämlich stand ein gewisser **Gerhard Schröder** in wechselnden Menschentrauben, deren genüsslichen Mittelpunkt er jedesmal darstellte oder darzustellen versuchte. Er war zu jener Zeit immerhin Ministerpräsident des Bundeslandes Niedersachsen. Ich erkannte die Gelegenheit zu einem Interview und stellte ihm mit meinem Zettelblock viele Fragen. Irgendjemand schoss auch ein Foto von dieser Begegnung.
Schließlich erschien dieses Interview wenige Tage später in der Tageszeitung „Tribüne", ein damals DDR-weit erscheinendes Blatt der gleichgeschalteten, aber plötzlich die Glocken der Erweckung hörenden Gewerkschaft FDGB von Harry Tisch. Ich frage mich heute, ob der nicht ganz unsympathische SED-Bonze mit seinem bekannten trüben Blick das Interview noch gelesen hat. Aber, es könnte eines der ersten, wenn nicht überhaupt das erste Interview eines ostdeutschen Journalisten mit dem späteren Bundeskanzler Schröder gewesen sein. Immerhin.
Der nächste in der mehr oder weniger zweifelhaften Runde war **Helmut Kohl**. „Birne" also. Diese Begegnung ist schneller erzählt. Es war irgendein Neujahrsempfang Anfang der 90er der devoten Industrie- und Handelskammer Sachsen-Anhalts, der in der Stadthalle auf Rotehorn veranstaltet wurde. Und es wurde derjenige erwartet, der so groß erschien, dass er auch einen großen Schatten warf. Helmut Kohl, der seine Spender verschwiegen hatte. Nichtsdestoweniger wurde mit großem Kotau empfangen und schritt wie Ludwig XIV. ins Vestibül der Stadthalle.
So würdig, staatsmännisch und großzügig Hände schüttelnd er dies tat, so menschlich war sein plötzliches Bedürfnis: Er musste einfach mal pinkeln. Jeder eingeweihte Magdeburger kennt die kleine Herrentoilette auf der linken Seite im Foyer. Die war zum Beginn seines Eintretens nur mit einer Person besetzt. Das war ich. Selbst sein Security-Mann hatte sich draußen platziert. Nur ich stand da am Urinierbecken der äußerst begrenzten Räumlichkeit, als Birne plötzlich neben mir stand, direkt neben mir. Und sich entleerte.
Ich weiß noch, wie ich sogar ein paar Zentimeter nach links rückte, weil sein schwerer Mantel mich berührt hatte und ich ihn

auf gar keinen Fall bei seiner banalen Verrichtung stören wollte. Wer groß ist, wirft eben auch einen großen Schatten, schoss es mir durch den Kopf. Es verbot sich jedenfalls, auch nur ein einziges Wort mit ihm zu wechseln. Es war der denkbar unangemessenste Ort für ein Interview, und an solchen Örtlichkeiten ist es für Männer keinesfalls peinlich, es eine Weile ohne jede Konversation auszuhalten.

Man schweigt eben. Höflich. Diskret. Man wagt ebenso wenig, den Blick seitwärts nach schräg unten zu richten. Was die Redaktion der BILD-Zeitung vielleicht erwartet hätte. Ich habe noch den etwas irritierten Blick des Security-Mannes in Erinnerung, als ich die Toilette etwas nachdenklich wieder verließ. Wahrscheinlich hatte er vergessen, das Pissoir vorher zu kontrollieren. Auch Helmut Kohl sah ich später weitgehend ungerührt dort herauskommen und zum Tagesgeschäft übergehen. Vielleicht hätte ich doch irgendetwas zu ihm sagen sollen.

Nun fehlt nur noch **Angela Merkel**, die langweiligste in der geschilderten Reihe. Ich traf sie als damalige Bundesumweltministerin, als ein Pressegespräch in einem Hotel in der Halberstädter Straße Magdeburgs (gleich hinter der Ambrosiuskirche) stattfinden sollte. Schon am Eingang passte ich sie ab, um ein Foto von ihr zu schießen. Ich werde nie vergessen, wie die ehemalige FDJ-Sekretärin mich von oben bis unten musterte, als sei ich ein verkappter Kommunist oder alter Stasi-Spitzel – bevor sie dann widerwillig zustimmte.

Die Frau gefiel mir nicht. Sie war schon damals rhetorisch unterdurchschnittlich, so dass auch das Pressegespräch alles andere als ein Vergnügen war. Meine Skepsis gegenüber dieser Frau hat sich dann später angesichts ihrer ewig nachvollziehenden und uncouragierten Politik fortgesetzt.

MÜCKENLATEIN

„STECHE", SAGT DIE MÜCKE FRECHE,
DENN PLATZ IST AUF DER KLEINSTEN FLÄCHE.

21. Rendezvous mit dem Sensenmann: Als im Juli 2023 Steine plumpsten

Also, das hier soll sich jetzt bloß nicht wie Selbstmitleid lesen. Aber merkwürdig war es schon, was mir im Juli 2023 unter anderem widerfuhr. Merkwürdig ist fast noch eine Untertreibung. Letztlich war alles einigermaßen harmlos, aber ich sollte doch gleich doppelt hinter die Ohren geschrieben bekommen, dass das Leben endlich ist.
Als Pennäler war ich einmal auf dem Genthiner Bahnhof ziemlich trunken um ein Haar von einem Schnellzug erwischt worden. Ich stand auf den Gleisen und hörte den herannahenden Zug einfach nicht. Ich schaffte es irgendwie gerade noch so auf den Bahnsteig, den Fahrtwind des eisernen Kolosses spürend. Es müssen hundertstel Sekunden gewesen sein, die mich da von Leben und Tod trennten. Dann hätte es weder Henning noch Max gegeben.
Exakt 50 Jahre später blickte ich nach dem morgendlichen Toilettengang zufällig in die Kloschüssel und erschrak: Es sah aus wie Erdbeersaft. Offenbar hatte ich jede Menge Blut im Urin. Da klingelten natürlich die Alarmglocken. Ich dachte kurzzeitig, meine letztes Stündlein hätte geschlagen, denn über meine gewissen Unterleibsprobleme hatte ich gelesen, solch eine Beobachtung könnte das Anzeichen für etwas heftig Böses sein. Also: Sofort ins Krankenhaus. Notaufnahme. Da saß ich nun, stundenlang, wartete auf das Ergebnis der Blutuntersuchung. Bis eine Whatsapp-Nachricht von Beate kam: Mein Sohn hatte im Web gelesen, dass so etwas auch vom Verzehr roter Beete kommen kann. Pfffff.... Ich sagte der Schwester Bescheid und haute da ab. Von der nahegelegenen Tankstelle holte Max mich dann ab. Falscher Alarm!
Ein paar Tage später war ich im Urlaub im Tiroler Zillertal in Österreich. Kurz nach der Ankunft fuhr ich ein Stück Bergbahn und erklomm dann den Filzenkogel. 2240 Meter hoch, dieser wunderbare Berg. Zwei Stunden bis zum Gipfelkreuz und wieder runter. Herrliche, unvergessliche Aussichten. Dann mit der Seilbahn wieder ins Tal und in den Bus, um ins nächste zu düsen. Doch dann passierte es: Kollaps. Schwerste Übelkeit, starke Schwindeligkeit, Verlust des Augenlichts, alles war auf einmal schneeweiß. Der Busfahrer rief die Nothilfe, die in diesem hintersten Tal sofort erschien und mich ins Krankenhaus Schwaz fuhr. Das ist jenes Haus, wo sie in Österreich die TV-

Krankenhausserie drehen, die bei uns „In aller Freundschaft“ heißt. Die Behandlung war exzellent, mit Tropf und Blutuntersuchungen etc.. Alle Werte okay, mir fielen Steine vom Herzen. Es war einfach die fehlende Gewöhnung als Flachlandtiroler an die Höhenmeter, weil ich gleich nach der Ankunft aufgestiegen war. Hinzu kam, dass ich nur gut einen viertel Liter Wasser getrunken hatte, und Vitamin-B12-Mangel. Also: Alles halb so wild. Na dann, auf ein Neues.

22. Lamborghini oder Lolliball

Wie sagte doch ein schnell wieder verarmter Lottogewinner, den man fragte, was er denn nun mit dem ganzen vielen Geld gemacht habe: „Na Luxushotels, schnelle Autos und tolle Weiber. Den Rest habe ich einfach nur verprasst." Hmm. Einer solchen zweifelhaften Aussage steht der Otto-Normalverbraucher etwas ratlos gegenüber, auch weil er sich fragt, was jener Mann denn eigentlich unter „verprassen" versteht. Jedenfalls kann mir gelegentlichem Lottospieler so etwas natürlich nicht passieren. Denn wenn ich mal einen Lottoschein ausfülle, spiele ich ja gar nicht vordergründig, um zu gewinnen.

Ich spiele vielmehr deshalb, um ein paar Tage oder gar Wochen lang noch einen Trumpf in der Hinterhand zu haben. Einen Trumpf für den späten Triumph. Weil dieser Trumpf das kleine Loch am Ende des täglichen Tunnelblicks etwas weiter macht. Denn wenn die Ziehung der Zahlen erfolgt ist, schaue ich einfach nicht nach, ob ich gewonnen habe. Ich zögere die mögliche Enttäuschung hinaus. Die Enttäuschung muss das ziemlich blöd finden und gibt dann vielleicht sogar auf, denke ich dabei.

Gewissermaßen ist man schneller, weil man langsamer ist. Man fühlt sich einfach einen Tuck besser. Irgendwie ahnt man zwar, dass es sich um eine Illusion handelt, aber man verdrängt das erfolgreich. Das As im Ärmel tut irgendwie gut, man zögert die Niederlage möglichst lange hinaus. Ein Knockout in der ersten Runde ist schmerzhafter als sich langsam an die mögliche Waagerechte zu gewöhnen. Ich investiere Geduld in Vorfreude, die ja bekanntlich die schönste Freude ist. Nichts kann mir mehr die Laune verderben. Deshalb lasse ich die Lottoscheine manchmal bis kurz vor dem letzten Termin der Gewinnauszahlung unkontrolliert, aber trotzdem gut sichtbar liegen.

Das falsche Versprechen zaubert jedes Mal ein leises Lächeln in mein Gesicht. Ich hab ja das As im Ärmel. Nach der bedauerlichen Gewissheit ist sehr wahrscheinlich sowieso alles beim Alten. Deshalb macht es Sinn, wenigstens den Zipfel der Hoffnung nicht aus der Hand zu geben. Ein bisschen ist das wie

bei den Westpaketen damals, die ich nicht wie andere „aufgerissen“, sondern noch `ne Weile liegen gelassen habe. Ähnlich bei Weihnachtsgeschenken. Denn machen wir uns nichts vor: Der Moment, wenn das Geschenk ausgepackt ist, ist schon der Beginn des Endes seiner Faszination. Ähnlich muss es mit einer Million Euro sein.
Und was passiert nun, wenn ich dann doch einmal die Zahlen vergleiche? Ich mache mir ´nen Schlitz ins Kleid – pardon – kaufe mir ´nen Lolliball, und denk mir nichts dabei. Ach so, warum vergleiche ich die Zahlen eigentlich überhaupt? Tja. Lassen wir das hier einmal dahingestellt.

23. Meine Kindheit: Eine Liebeserklärung und gewisse Blessuren

Sich zu elben heißt sich zu laben. Dieses Wortspiel fiel mir ein, als ich an meine Kindheit dachte, in der ich noch mit meiner Mutter und meiner Tante Heidi in der Elbe badete und mir später bewusst wurde, dass die Elbe in Tschechien Labe heißt. Das war, als ich als Pressesprecher von Schönebeck (Elbe) arbeitete und an einer internationalen Elbekonferenz teilnahm.

Ja, ich bin im Mai 1956 von meiner Mama Eva Christine Wannewitz, geborene Kneissl, in Burg bei Magdeburg geboren worden und im Winkel zwischen Elbe, Elbe-Havel-Kanal und der Verbindung zwischen beiden als „Pareyer Durchstich" mit der dortigen Schleuse groß geworden. In Karten wird diese Gegend seltsamerweise als Havelsche Mark bezeichnet, obwohl die eigentliche Havel viel weiter nordöstlich fließt. Die wasser- und waldreiche Gegend rings um Parey an der Elbe mit deren Auenlandschaften und weiten Blicken im engeren Sinne und etwa das Dreieck Tangermünde-Genthin-Burg im etwas weiteren Sinne bezeichne ich als meine Heimat.

Wenn meine genetischen Wurzeln auch mütterlicherseits in Leipzig/Wien/Österreich und väterlicherseits in Bad Düben/Sachsen liegen, so definiere ich Heimat doch vor allem als Ort meiner Kindheit, meines Aufwachsens, meiner Familie, meiner Freunde, meiner ersten Schule, meiner dortigen Landschaft mit ihren Eigenarten und Schönheiten. Im Grunde handelt es sich um das westlichste Gebiet der Mark Brandenburg, auch wenn es heute politisch im merkwürdigen Gebilde Sachsen-Anhalt liegt. Ich möchte einmal wissen, welcher Magdeburger, Salzwedeler, Havelberger oder Quedlinburger sich als Sachse oder als Anhaltiner fühlt.

Auch wenn ich so oft und gerne in der weiten Welt herumreise, so werde ich doch immer wieder an den Ort meiner Kindheit in Parey zurückkehren. Ganz konservativ. Hier kenne ich jeden Feldrain, jede Bordsteinkante, jede Badestelle, jeden bäuerlichen Torbogen und jeden Waldrand, wo die Parasole wachsen. Und hier wohnen außerdem tausend Erinnerungen. Und wohnten die Menschen, die mir neben meiner heutigen Partnerschaft, Kindern und Familie wichtig waren und sind: Meine Eltern und mein Bruder René. Und vor allem meine Freunde Gunnar, Ronald, Franki, Claus, Kirsche, Bimmel, Frösi, Pesel, Frox, Schlüppi, Vocke, Frank Andreas, Krause, Brüderle,

Hokus und andere. Gunnar zum Beispiel hat mich als Freund ein Leben lang begleitet. Das bleibt.
Hier nahe Parey haben wir Halbwüchsigen zum Beispiel ein rechteckiges Zimmer in den Waldboden gegraben und es mit Ästen und Laub „bedacht“, so dass kein Wanderer es je entdeckte und wir es bei Schneefall manchmal selber erst ein Weilchen suchen mussten. Ging es dann die Leiter hinab, saß man bei Kerzenlicht und Campingkocher an den Sandwänden, woran Fotografien von nackten Frauen aus dem „Magazin“ gepinnt worden waren. Gab es Alarm von einem der umstehenden Bäume und die feindliche Rezka-Bande nahte, schnappte sich einer von uns alle flugs eingesammelten Taschenmesser und rannte wie um sein Leben über Moos, Stock und Stein nach Hause. Einer nach dem anderen der Jungs klingelte dort später, um sich sein Messer wieder aushändigen zu lassen. Der da einmal rannte, das war ich.
Ein anderes Mal saßen wir unter einer der umgekippten, im Querschnitt dreieckigen Loren, mit denen eine Moppelbahn den Lehm aus einer tagebau-ähnlichen Grube zur Ringofenziegelei am Elbe-Havel-Kanal transportierte. Dort unter der Lore kochten wir uns bei Kerzenschein eine Tütensuppe, der älteste Kamerad passte auf, ob jemand kam und dass nichts passierte. Ein anderes Mal erkundeten wir heimlich eine uralte Windmühle, die es heute längst nicht mehr gibt. Das war Jungenromantik pur, und an niemanden wurde etwas verraten. Später habe ich gemeinsam mit einem Klassenkameraden den Schaufelradbagger – man nannte ihn wohl auch Eimerkettenbagger - gezeichnet und mit Aquarellfarben gemalt, und das Bild schaffte es bis in die große Schulausstellung. Wo ist es eigentlich geblieben?
Ein noch anderes Mal führte unser Weg wie so oft zum Elbe-Havel-Kanal, wo wir die gepflegten Binnenschiffe aus „dem Westen“ mit Namen wie „Burmester“ aus Minden oder Bremen beobachteten, die nach Westberlin fuhren oder von dort kamen. Nicht selten riefen wir „Ham Se leere Tonnen oder Eimer?“ hinüber zu den Schiffen. Gemeint waren die strahlend-bunt lackierten Öl- und Kraftstofffässer und -behälter aus Weißblech von Esso, Shell und BP, die sie uns dann oftmals herüber warfen. Dann fischten wir sie im Uferbereich aus dem Kanal. Manchmal, wenn auch sehr selten, warfen die Schiffer auch einen Schokoriegel wie Mars oder Snickers mit ans Ufer. Mit den Fahrrädern und Stricken transportierten wir das „kostbare Gut“

der Tonnen und Eimer dann nach Hause, wo unsere Eltern die Dinger als nützliche Behälter für Holz, Kohlen oder anderes Material im Keller nutzten. Es war eben auch der Umgang mit Farbe, den man uns im Westen voraus hatte. Unser Bild des Westens sollte sich später allerdings noch ziemlich ändern. Das halb Verborgene hatte eben damals schon einen noch größeren Reiz als das vollends Sichtbare.
Eines Tages stand eine solche Blechtonne bei uns auf dem Hof am Haus im Neuen Weg, mein Vater hatte den Deckel gerade aufgemeißelt. Das war ganz in der Nähe der alten Backsteinmauer an den Mülltonnen, auf der er zu Silvester immer die Karpfen und im Laufe des Jahres anderen Frischfisch entschuppte. Ich wollte die Tonne in den Keller bringen, da fasste ich versehentlich in den scharfen Metall-Grat des aufgemeißelten Deckels. Der rechte Daumen hing halb herunter, aber Schmerz verspürte ich nicht. Mein Vater fuhr mich sofort zu seinem Freund Felix, dem Dorfarzt. Der flickte mich umgehend wieder zusammen, die Naht sieht man noch heute.
Wichtig und unvergesslich war der Straßenfußball, schon einmal angeklungen in diesen Erinnerungen. Unsere Väter, die im Neuen Weg in Parey wohnten, hatten eine an der Straße liegende Wiese einst einfach zu einem richtigen Bolzplatz gemacht. Professionell. Mit richtigen, rot-weiß angestrichenen Toren als mächtige hölzerne Vierkante, dazu mit Netzen ausgestattet. Wir spielten nahezu jeden Tag dort, mit echten Lederbällen von Anton Malina, der als Trainer von Traktor-Aufbau Parey uns von seinem Wohnzimmerfenster aus zuschaute und ein großes Herz für uns hatte. Ich weiß heute nicht mehr, wieviel herrliche Traumtore ich auf diesem Platz geschossen oder gesehen habe. Ich weiß nur, dass die Spiele jedesmal völlig „ausgejapst“ unter einem köstlich fließenden Wasserhahn endeten. Das Netz wurde mehrfach zerschossen und einmal ging sogar die Torbalken zu Bruch. Ronald und Franki wissen das alles bestimmt noch ziemlich genau.
In einem der Spiele knallte ich rücklings auf den Boden und bekam plötzlich keinerlei Luft mehr. Frank Andreas von der gegnerischen Seite wusste, was zu tun war und in meinen Augen hatte er mir damals mal eben das Leben gerettet. Als ich 1968 mit meiner Mutter in Prag weilte und wir kurz vor dem dortigen politischen „Frühling“ wieder zu Hause waren, fuhr ein Mann mit dem Fahrrad an uns Fußball spielenden Jungen vorbei: „Die Russen sind in die Tschechei einmarschiert!“, rief er

aufgeregt. Wir verstanden das damals noch nicht recht, hatten aber in diesem Moment nicht ohne Stolz unsere „echt eigenen“ blau-weißen Trikots an, die ich aus Prag mitgebracht hatte.
Welche Erinnerungen an meine Schulzeit ragen heraus? Zunächst einmal jene an meine hervorragenden Lehrer(innen) und die weniger guten auch. Die Grundschule prägte die gütige und gerechte Frau Ostrowski, der ich ewig dankbar sein werde. Auf diese folgte eine stalinistisch geprägte Frau B., die mir die Herausgabe meines Lotteriegewinns, den sie am Eingang der Magdeburger Elbeschwimmhalle bei einer Klassenfahrt für mich einstrich, verweigerte. Bis heute. Das waren 20 Mark, und in der DDR war das für einen 12-jährigen Schüler 1968 ein Vermögen. Einen „Zwanziger“ büßte ich später im Leben übrigens noch einmal ein, als mich um 2005 herum in einem Lokal in Genthin ein junges Mädchen anbettelte - sie brauche das Geld sehr dringend. Ich gab ihr den Schein, bekam ihn von Caroline aber nie zurück. Später wurde mir bewusst, dass sie spielsüchtig war. Sie wohnte in Burg.
Zurück zur Polytechnischen Oberschule Parey: Mir wohlgesonnen war unser Lehrer Herr X., von dem man allerdings sagte, dass er Schüler zu sexuellen Handlungen zu sich nach Hause eingeladen haben soll. Mich glücklicherweise nicht. Wunderbar wiederum war meine Englischlehrerin Frau Quenstedt, die mir nicht nur die Vokabeln, sondern – viel wichtiger – die richtige Aussprache mit den kleinen Tricks beibrachte. Das brachte mir später im State Department in Washington D.C. das Lob eines Senators (Ohio) ein, der mein gesprochenes English unter den weiteren 14 ostdeutschen Journalisten 1991 heraushob und lobte.
In der Pareyer Schule ging es indessen ziemlich drastisch zu. In unserer Klasse war zum Beispiel ein Junge, der sich später als Dorfschläger etablieren sollte und vor dem schon in der Schule jeder große Angst hatte. Uwe S., genannt „Ete“, hätte heutzutage drei Sozialhelfer, vier Schulbegleiter und fünf Pädagogen an die Seite bekommen, damals war es einfach nur der Klassenrowdy. Mir persönlich tat er nichts, da ich ihm bei den Hausaufgaben half und mich dafür jedes Mal mit einem Mars-Riegel „aus´m Westen“ korrumpieren ließ. Nichts ging damals bei uns über einen solchen gesundheitsschädlichen Süßkram des Nestlé-Konzerns.
So hatte ich auch beim Jugendtanz am Wochenende im HO-Saal Pareys nichts zu befürchten, wenn Ete dort auftauchte.

Wenn dort oftmals Gisbert „Pitti“ Piatkowski, später bei Renft und Modern Soul, schon mit gerade 20 eine ihresgleichen suchende Jimi-Hendrix-Gitarre spielte und unser Tanzstil „mit einem Bierglas auf einem singulären Punkt des Parketts stehend und mit dem langhaarigen Schädel wackelnd“ zu beschreiben war, dann sahen wir aus sicherer Distanz den Schlägereien zu, an denen Ete nicht selten beteiligt war. Auch eine gewisser Peng war dabei, der verlässlich mit schneeweißem Hemd erschien und ebenso verlässlich später mit blutrotem Hemd den Saal wieder verließ. Oder verlassen oder herausgetragen werden musste. Peng hatte offenbar irgendetwas mit dem Maler Penck gemeinsam, der die Farben rot und weiß ebenfalls liebte und auf Leinen brachte, allerdings weitaus größerformatige.
Aber auch in diesem Saale war der Westen zu jener Zeit der späten Sechziger/frühen Siebziger präsent. Einmal brüllte plötzlich „Latte“, ein Kumpel aus dem benachbarten Dorf Güsen, quer durch den Saal den Ruf: „Aus ´m Westen!!“. Alles starrte zu ihm hin, der schon im Aufspringen war. Ihm war gewahr geworden, dass sich da an der anderen Saalecke ein Freund eine Zigarette anstecken wollte. Und so spurtete er diagonal durch den Saal mit einem billigen Plastik-Feuerzeug aus Castrop-Rauxel, um diesen Westwahn der Ostdeutschen und damit auch den Westen auf wunderbare Weise auf die Schippe zu nehmen.
Ich muss zugeben, ein einziges Mal habe auch ich mich geschlagen. Auf dem Kirchhof vor der Schule. In der 8. Klasse. Mit dem schnöden, mir unsympathischen B., der mich vermutlich als genauso schnöde und unsympathisch fand. Es gab keinen besonderen Anlass, unsere Aversion brach sich plötzlich nach Schulschluss bahn, als wir uns unvermittelt angriffen. Vielleicht war mein bevorstehender Wechsel auf das Gymnasium ein Auslöser: Gerangel, Ringkampf, Schläge, Schwitzen, Ächzen, Wumm und Uffz auf staubiger, hart getretener Erde des Schulwegs – aber keine sichtbare Verletzungen wenigstens. Es gab keinen eigentlichen Gewinner nach meinem Empfinden. Wir hatten uns „wacker geschlagen“, trennten uns, den Ranzen wieder aufschnallend, wortlos.
Ganz anders als bei der Geschichte mit H-, meinem besten Freund über viele Jahre von Kindesbeinen an. Das war der mit dem Klammerbeutel. H. war eine tragische Figur. Ich war mit ihm als Schulfreund – letzte Bankreihe - durch dick und dünn

gegangen. Wir grüßten uns „von Dach zu Dach“ unserer zweigeschossigen Elternhäuser, machten Klimmzüge an der Teppichstange. Einmal hatten wir im weit entfernten Forst in einem Weltkriegsbunker eine tote Kuh entdeckt. Ein anderes Mal gemeinsam eine Weihnachtsgeschichte mit Väterchen Frost und dem deutschen „Alten“ geschrieben, etwa, wie sie sich zusammen vor der Geschenketour erstmal einen Grog machten. Das war auch so ein Projekt wie das Eimerkettenbaggerbild. H. hatte krauses Haar, ließ es sich wie Angela Davis wachsen, aus Protest gegen „die Erwachsenen“. Autoritäten lehnte er ab, schon als Heranwachsender. Mein Vater hasste ihn, weil er von ihm nicht einmal gegrüßt wurde. Von der Penne ist H. dann auch schon in der zehnten Klasse „geflogen“. Irgendwann später hat er mir dann ein wunderbares Mineral geschenkt. Helmut starb mit Mitte 50.

Nun noch kurz zurück zu den Paukern, denn eine wesentliche fehlte noch in der Aufzählung: Die bemerkenswerteste Lehrerin war später an der Erweiterten Oberschule Fräulein Dr. Dr. Stiebens, die ich schon weiter vorn bei der Abhandlung über die Künstler erwähnte. Die im Unterricht gefürchtete, strenge Dame war außerschulisch wiederum eine Seele von Mensch. Im Unterricht zitterten wir, wer jedes Mal mit dem Wissen der letzten Stunde nach vorn musste, um es zu referieren. Wenn „Muttchen“ dazu mit dem Zeigefinger im Klassenbuch die Namen zur Findung des Delinquenten entlangstrich, war es mucksmäuschenstill. Begann sie dann mit einem langgestreckten „Haans...“, um an dieser Stelle eine martialische Kunstpause einzulegen, schlug Hans-Joachim und Hans-Peter das Herz bis zum Adamsapfel und diese Sekunden gerieten zur Ewigkeit. Bis sie dann auflöste und einer der beiden – wenn ich Glück hatte, ich – tief ausatmend in Richtung Stuhllehne zurücksank.

Ganz anders dann bei der Klassenfahrt nach Zella-Mehlis in Thüringen, als wir uns freundlich rächen wollten. Wir hatten Plätze in einem Lokal bestellt und die Lehrerin wollte etwas später kommen. So bestellten wir ihr einfach schon einmal frech ein großes Bier und warteten gespannt, was Fräulein Erzkonservativ denn nun damit machen würde. Doch es sollte zur prallen Überraschung werden, denn während Claus und ich gerade mal wieder herzerfrischend philosophierten, trat sie herein, setzte sich, schmunzelte, fasste zu, setzte an und sagte: „Tja, Kinders, wer in München studiert hat, der verträgt schon a

Maß!“. Der Rest war Raunen, Lachen, Beifall und – ein unglaublicher Respekt. Unsere Klassenkameradinnen erzählten uns später, dass sie bei einem Mädchen-Ausflug an die Ostsee plötzlich am FKK-Strand vorbeiwanderten und „Muttchen“ befahl: „Nun mal los, nicht so zimperlich, Klamotten runter und rein!“ Um es sogleich selbst vorzumachen. Muttchen jedenfalls bleibt uns allen unvergessen. Der Rest der Geschichte ist bereits beschrieben.
Zurück zur regionalen Geografie: Bei uns in den Elbauen zwischen Havelberg, Jerichow und Parey endet die Mark Brandenburg, und drüben auf der anderen Seite der Elbe beginnt die Altmark. Ich bin also in der westlichsten Mark groß geworden, ostelbisch. Dort, wo sich beide sozusagen küssen - mitten auf der Elbe – kann man sein, wenn man die Fähre vom ostelbischen Ferchland zum westelbischen Grieben benutzt. Am besten im frühen Abendlicht. Ein wahrhaft wundersamer Ort. Man spürt das Zusammentreffen nicht nur zweier gewachsener Regionen und Landschaften, man spürt auch einen gewissen Kulturbruch. Und wo eigentlich kann man diesen Fluss mehr lieben als hier, wo er die Grenze zwischen Mark und Altmark beschreibt? Das Ganze im Osten ist nicht zuletzt auch der letzte Zipfel des Fontane-Landes. Aber was für einer!
Denn in Pareys einsamem Nachbardörfchen Zerben steht der Rest einer Schlossanlage von erheblicher kultureller Bedeutung. Glaubt man Marcel Reich-Ranicki, und dafür gibt es gute Gründe, dann handelt es sich bei Fontanes „Effi Briest“ um den ersten großen Roman der deutschen Literaturgeschichte. Seine mehrfach verfilmte Figur der Effi hat ein leibhaftiges Vorbild. Denn es ist Elisabeth von Ardenne, geborene Freiin von Ploto, die hier in Zerben aufwuchs und von der Dorfjugend liebevoll „unsere Else“ genannt wurde, auch wenn diese den Spitznamen nicht so sehr gemocht haben soll.

Nichtsdestoweniger war es eine wunderbare, integre und später verdienstvolle Frau, an deren (Liebes-)Leben sich der Plot von Fontanes berühmtem Roman orientiert. Nach dem bekannten Duell mit tödlichem Ausgang blieb die wahre „Effi Briest“ zeitlebens allein, engagierte sich sozial, lernte im späten Alter noch das Fahrradfahren und bestieg als erste Frau einen alpinen Zweitausender. Sie wurde 99 Jahre alt. Den Ort ihrer Kindheit in den Elbauen bei Zerben kann man sich heute als „Frauenort“ ansehen.

Winter

Mein heller Kiesel schliddert und klirrt
über der Pfütze brüchiges Eis.
Ein aufgescheuchter Rabe entschwirrt
querfeldein in glitzerndes Weiß.

In sichrer Ferne er leidig krächzt,
ein Kuscheltier wendet sich um.
Der Stiefel im Schnee, er knirscht und ächzt,
und Glocken schell´n ferne „bim bum“.

Der Wind beißt freundlich in das Ohr,
und plötzlich merk ich, dass es schneit.
Da hinten lugt schon das Dorf hervor.
Nach Hause nun, jetzt wird es Zeit.

24. Paarberatung für Single-Socken

Also, Kerle: Ich bin ein richtiger Mann und wasche meine Socken selber. Das ist Ehrensache für mich, schon allein aus olfaktorischen Gründen. Bitte mutmaßen Sie jetzt nicht, ob mein Vertrauensverhältnis zu meiner Frau Fehlstellen aufweist. Denn durchaus abgehärtet müsste sie eine solche kleine Chose ja aushalten. Okay. Aber ich als großartiger Hausmann erspare ihr jedenfalls diese demonstrativ gleichmütige Tätigkeit und mir selbst dabei ihr gelegentlich nasengekräuseltes Gesicht.

Ich warte also, bis sich eine genügend große Menge Socken angesammelt hat. Diese ergänze ich dann um diverse, an dieser Stelle nicht genannte Wäschestücke, damit die Waschmaschine halbwegs gefüllt ist. Da ich als ordentlicher Preuße die Socken immer fein paarweise aufhänge,

stelle ich später regelmäßig fest, dass eine einzelne Socke übrig bleibt, die sich nicht zuordnen lässt. Das Gegenstück hat sich irgendwo im Universum verflüchtigt. Die Einzelgängerin wandert jedenfalls in ein gewisses Körbchen. Das Unglaubliche ist, dass das immer wieder passiert und das Körbchen der Abtrünnigen irgendwann voll ist.

In diesem Moment mache ich Körbchen-Inventur: Die Teilzeit-Eremitinnen bitten mich sozusagen um Paarberatung und Ehe-Wiederanbahnung. Zweite Hochzeit nach der Scheidung? Wo ist mein Partner? Nun wird es spannend, denn das Seltsame ist, dass zwar die unterschiedlichen Farben und Muster zunehmen, nicht jedoch die Paare. Manche mit 70er-Jahre-Design sind wirklich tapfere Singles. Aus Verzweiflung paare ich dann ähnlich aussehende Exemplare, etwa hellgrau und dunkelgrau einfarbig. Das fällt ja kaum auf.

Blau und weiß ist ausnahmsweise auch zugelassen, weil ich FCM-Fan bin. Aber schwarz und gelb zum Beispiel ist der Horror, aus gleich mehreren Gründen...Rot und grün ist aber auch nicht viel besser, es sei denn, ich gehe damit zum SCM-Spiel. Durch meine Inventuren hält sich die Zahl der Übriggebliebenen aber wenigstens konstant. Auch wenn sie mittelerweile eine zweite Wäsche vertragen könnten.

Neulich, beim letzten Großversuch, lag ein Zettel in meinem Körbchen: „Humor ist, wenn man ziemlich absurde Tätigkeiten mit akribischer Konsequenz zu Ende führt.“ Hmm.

Problem „Singlesocke“ gelöst

Sonderbare Erkenntnisse zwingen mich dazu, diesen Bericht

von den einzelnen, nicht zuordnungsfähigen Socken, die nach Waschgängen immer öfter bei mir übrig bleiben, hier kurz fortzusetzen. Zum einen berichtete mir mein Herausgeber Matthias Röhricht, dass er ähnliche Probleme hat, ein Bruder Hausmann im Geiste, der zugegeben in der obersten Liga der Sockensortierer mitspielt, Zitat:
„Ich trage seit Jahrzehnten ausschließlich schwarze Socken. Nach dem Waschen und Glätten (wichtig) im Trockner kommen alle Exemplare auf das leere Doppelbett bei glattgezogenem Laken und guter Beleuchtung. Jetzt heißt es, aus *Fifty shades of black* die zusammengehörigen Paare zu finden. 12mal gewaschene unterscheiden sich gut von den kürzlich aus dem Lager hinzugekommenen. Aber *Gleichaltrige* trennen nur Nuancen, da hilft dann die Oberflächenbeschaffenheit, oder die beginnende Transparenz des Sohlenmaterials bei der Entscheidungsfindung." Zitat Ende.
Da war ich verblüfft, er bringt völlig neue Aspekte in die Debatte ein. Und er setzt noch einen drauf: „Seit einigen Monaten wollen einige der schwarzen Exemplare partout nicht zusammenpassen. Nicht wegen des Schwarztones, sondern wegen der Länge! Da hilft auch kein Ziehen...Warum? Nachdem ich in der letzten Arbeitsbesprechung davon berichtete, gestand meine Frau, dass sie sich auch eine Packung Socken der gleichen Marke wie ich (7 Paar, Größe 37/39) zugelegt hatte. Ohne mich davon in Kenntnis zu setzen!" Zitat Ende.
Das ist wirklich tragische Verzweiflung. Der Schwierigkeitsgrad der Paarbildung steigt bei ihm ins Unfassbare. Fassbarer war dann jedoch ein dpa-Artikel der Tagespresse, der nach Redaktionsschluss erschien: Überschrift „Warum Waschmaschinen Socken fressen".
Wissenschaftler aus Brandenburg fanden tatsächlich heraus, dass die Geräte regelrecht „unbändigen" Hunger nach unseren Vermissten verspüren. Demnach verfangen sich die Socken als Kleintextilien in der Gummidichtung zwischen Tür und Trommel, um ins Innere der Maschine gezogen zu werden. Durch Hitze und Reibung erledige die dortige Heizungsspule dann den Rest. Der vollständig aufgelöst werde, so die Zeitung. Das Blatt empfiehlt einen Wäschebeutel. Ich bin jetzt wirklich g*ebeutelt.*

25. Die schönsten Orte der Welt – meine drei Lieblingsplätze

Es gibt nicht viele Örtlichkeiten, die das Prädikat „Mein Lieblingsplatz“ verdienen. An denen ich heimlich und unheimlich gerne verweile. Wo ich „in meiner Mitte sein kann“, wie es Birgit ausdrücken würde. Die ich nicht missen möchte. Die eine Ausstrahlung, das gewisse „Etwas“ haben. Wo die Seele eben bummelt und baumelt wie die Waden auf einem etwas zu hohen Stuhl, den man in diesem Fall Thron nennen könnte. Orte, die besonders sind. Die einzigartig sind. Die friedlich sind. Wo der Augenblick verweilen sollte, wie es Goethe sagte. Plätze, die Ruhe und Schönheit ausstrahlen. Dort, wo eben das Glück vorbeischaut und „Guten Tag“ sagt. Wo man leise zurück lächelt. Drei solcher meiner Plätze seien hier kurz beschrieben:

PAREY (ELBE) IN DEUTSCHLAND

In meinem ersten Fall ist solch ein Lieblingsplatz zum Beispiel der verrostete, umgestülpte Kahn mit seinen fantastischen Farben an einem der Baggerseen hinter der Pareyer Schleuse, der zum Kunstwerk, zur Skulptur im öffentlichen Raum erklärt werden könnte. Wir sind in der Auenlandschaft der Elbe, dort, wo ein Seiten-Durchstich des Elbe-Havel-Kanals in den großen Fluss mündet. Meine liebe Mutter hat hier einmal als Schleusen-Dispatcherin gearbeitet und von den tschechischen Binnenschiffern gelegentlich ein paar Flaschen Budweiser oder Pilsner Urquell bekommen - zu DDR-Zeiten eine echte Rarität. Die mit den Jahren abgeblätterten, verschiedenen Farbschichten des Fischerkahns haben indessen skurrile Figuren gezeichnet. Gemeinsam mit Olaf habe ich diesen Ort und dieses irre Boot entdeckt. Ich habe es fotografiert und Olaf hat daraus eine beeindruckende Serie in Rahmen gebracht, die nun in seiner Wohnung hängt. Hier, wo der Reiher oder der Eisvogel vorbeischauen, wenn man unter alten Bäumen mutterseelenallein oder mit seinen Lieben und Freunden am Wasser sitzt. Ein wenig erinnert alles an Fontane und seine Wanderungen durch die Mark Brandenburg.
Ein kleiner See reiht sich hier an den anderen, alle sehr verborgen, intim, von üppigem Grün umwachsen. Irgendetwas zirpt oder zwitschert gelegentlich, oder ein Fisch schnappt irgendwo fröhlich nach Luft. Dann wieder wunderbare Stille.

Irgendjemand hatte vor langer Zeit einen Eichentisch mit einer Bank dorthin hingestellt. Manchmal hört man ferne die Kirchenglocken von Sankt Trinitatis in Parey. Dort sitzt man dann und freut sich des Lebens. Beate und ich taten dies einmal gemeinsam mit meinem Bruder René und seiner Frau Petra. Neben seinen Lieben und Freunden sind es eben auch solche Orte, die den Begriff Heimat ausmachen. Es sind eben Plätze für die Ewigkeit.

LYME REGIS (DORSET) IN ENGLAND

Einen solchen gibt es zweifellos auch an der englischen Kanalküste in der Grafschaft Dorset. Hier befinden wir uns am Welterbe-Küstenweg der Großfossilien wie etwa Saurier. Der liegt westlich von Southampton und Bournemouth. Die Isle of Wight ist auch nicht weit. Ein Spielfilm zeichnete erst vor kurzem das aufregende Leben der großartigen Entdeckerin und Fossiliensammlerin Mary Anning nach, die im 19. Jahrhundert in dem beschaulichen Küstenstädtchen Lyme Regis wohnte. Sie fand unter anderem das fossile Skelett eines Ichtyosauriers, eines Fischsauriers.
Als mein Sohn Max und ich vor Jahren ebendort waren, ahnten wir nichts von dieser Frau und der großartigen Besonderheit dieser Jurassic Coast, an der man über viele Kilometer noch heute wunderschöne Fossilien direkt am Meer finden kann. In der bisweilen subtropischen Landschaft unternahmen wir zunächst eine unvergessliche Wanderung oberhalb des Meeres und unter Pflanzen mit metergroßen Blättern hindurch. Da wussten wir noch nicht, dass diese Eindrücke bald noch übertroffen werden sollten.
Denn wenige Tage später unten am Meer entdeckten wir etwas, was es wohl weltweit nur hier zu sehen gibt: Dort gleich hinter der Monmouth Beach liegen zahllose Fossilien von Ammoniten am wilden Strand, Millionen von Jahren alt, versteinert bis in alle Ewigkeit und zum Teil metergroß, Wagenrädern gleich! Man läuft direkt über diese Zeugen aus den Anfangsjahren der Erde, entdeckt immer wieder neue Ammonshörner aller Größenordnungen. Für einen Hobbypaläontologen wie mich gab es kein atemberaubenderes Erlebnis und auch der kleine Max staunte Bauklötze.
Ich kann also jedermann und jeder Frau diese Wanderung am Meer westlich von Lyme Regis nur wärmstens empfehlen.

Natürlich gingen wir selbst dann noch auf Suche nach „erlaubten" kleineren Ammoniten. Und beide fanden wir solche dann tatsächlich auch. Die Kopffüßer aus der Kreidezeit können mehrere hundert Millionen Jahre alt sein. Es war ein Erlebnis fürs Leben.

CALVI (KORSIKA) IN FRANKREICH

Der Tugend der Begeisterungsfähigkeit wird nirgends auf der Welt so gefrönt wie auf diesem einsamen Felsplateau in den Bergen südlich der korsischen Küstenstadt Calvi. Beate und ich entdeckten diesen unglaublich schönen Ort bei einer Wanderung unweit unseres Ferienhauses von Thierry und Yvonne Sanchez, unseren gewohnten Gastgebern. Man geht ein bisschen durch die Balagne, dieses sanfte Hügelland zwischen Meer und Hochgebirge im Nordwesten der Ile de Beauté, der Insel der Schönheit. Dann sieht man abseits des Weges einige merkwürdige Felsen aus den Anhöhen lugen. Und macht sich die Mühe, querfeldein zu gehen, um sie näher zu betrachten.
Was dann kommt, wirft sogar unsensiblere Gemüter aus den Schuhen. Mehr noch, es ist umwerfend. Es fehlen einfach die Worte, das zu beschreiben. Wer hat denn diese natürlichen Skulpturen aus Stein auf die felsigen Flächen gerollt, deren Ansicht einem den Atem nimmt? War es der liebe Gott? Zumindest war da etwas Höheres im Spiel, denn diesen Platz vergisst man nie wieder. Kunst im öffentlichen Raum, wie von der Hand Henry Moores geschaffen, liegt da wie in einer Ausstellung platziert herum. Von keiner Menschenseele beachtet. So oft wir später dort waren.
Jahrtausende haben Wind und Wetter diese Steine, diese Felsbrocken geschliffen, kleine kreisrunde Handwaschbecken hineingefräst, größere Badegumpen ausgespült, die auch noch tatsächlich mit Wasser gefüllt sind, schräge Parabolspiegel aus Stein wie aus einem Kubrick-Film geschaffen, unwirkliche, wie von Zeus persönlich gespaltene Felsen kreiert, durch die man das Meer oder wahlweise die jenseitigen Gebirgsgipfel entdeckt, Hohlformen wie Hängematten oder Sitzschaukeln aus Sandstein und vieles mehr. War Tolkien hier?
Alles liegt auf einem Teppich. Der Teppich ist grün und rot und besteht aus natürlichen Bodendeckern, wie man sie nicht schöner in einem Steingarten finden kann. Das Auge ist irritiert,

denn die Verlockungen sind so üppig, dass es nicht mehr weiß, wo es hinschauen soll. Eine einzigartige Landschaft, wie eine Droge. Man schaut sich halb benommen um, mit einem verzückten, fast trunkenem Blick, als würde man gerade ein Stück Gänsebraten von Mutters Mutter verzehren. Kein Picasso, kein Rodin, kein Moore, kein Giaccometti könnte je eine solche irritierende Pracht hervorbringen. Keiner. Niemand. Niemals.

Weitere Lieblingsplätze sind

1. die endlosen, wüstengleichen Sanddünen an der Ostseeküste westlich von Leba im polnischen Kaschubien;
2. die schneeweißen Alabasterfelder und aprikosenfarbenen Marmorbrüche südöstlich von Volterra unweit Siena in der italienischen Toscana;
3. der entspannte Palmenstrand von Santa Barbara mit den Kunstgalerien unter freiem Himmel und Bluesmusikern am Pazifischen Ozean in Kalifornien, USA;
4. das sagenumwobene French Quarter mit der Bourbon Street, seinen zahllosen Jazz- und Bluesclubs wie der Preservation Hall und der scharfen Jalapeno-Küche in New Orleans (Louisiana), USA;
5. die Große Chinesische Mauer nördlich von Peking (Beijing) in China;
6. das atemberaubende Kunstmuseum „Museé d´Orsay“ an der Seine in Paris, Frankreich;
7. die erloschenen Vulkane der westlichsten kanarischen Insel La Palma im Atlantik, Spanien;
8. die Puderzucker-Sand-Sonnenküste im Süden der Insel Bornholm (Dänemark)
9. die zerklüftete Westküste Sardiniens und die Badegumpen des Fango auf Korsika
10. die Grüne Wand im einsamen Stilluptal am Ende des Zillertals in Tirol

sowie die sehenswerten Städte Tangermünde, Siena, Brügge, Beaulieu, Otterlo, Memphis, San Francisco, Kaliningrad, St. Petersburg, Graz und Söke.

26. „Steffen, ähh, holst ma Wika?!"

Es gab einen Mann, der in den 80ern eine Abteilung einer größeren Magdeburger Druckerei leitete. Nennen wir ihn einmal Herbert T. In seiner schnoddrigen, eigensüchtigen Art war der füllige Kleinchef nicht sonderlich beliebt, galt als „feist bis dreist". Aber der Patriarch lieferte immer wieder auch Beispiele ungewollten, sehr eigenwilligen Humors. Dafür seien hier nur kurz ein paar Beispiele genannt.

Zu seinen Gewohnheiten gehörte es zum Beispiel, Lehrlinge ganz klassisch für seine privaten Interessen zu missbrauchen, was weit über das übliche Kaffeekochen hinaus ging. Sein Verhältnis zu den Auszubildenden beschrieb er gewöhnlich mit den Worten: „Lehrlinge (!) ... muss man in´n Arsch treten!" Das Wort „Lehrlinge" im Magdeburger Slang natürlich ohne abschließendes n.

Auf einen dieser Azubis hatte es Herbert T. ganz besonders abgesehen. Den hatte er gewissermaßen als seine persönliche Dienstmagd auserkoren. Und Steffen gehorchte aufs Wort.

So befahl er ihm immer wöchentlich einmal: „Steffen, ähh, holst ma n Brot. Aber schön scharf jebacken, sonst ham wa heute Abend nischt zu fressen!" Auch wenn sich dem Diener der direkte Zusammenhang zwischen „scharf gebacken" und abzusehendem Hungergefühl nicht erschloss, begriff er doch den Wunsch des Herrn und lief mit den Worten „Ja, Herr T." zum Bäcker.

Anlass zu einer halbpsychologischen Studie könnte ein anderer Befehl gegeben haben: „Steffen, ähh, holst ma Wika?!" Tja, was sind oder ist eigentlich Wika, mag sich der Lehrling im ersten Augenblick gefragt haben. Aber das Verhältnis der beiden war so endgültig, so nach dem Motto „devot oder tot", dass der junge Mann sich nicht traute, nachzufragen, sich auf dem Absatz umdrehte und loslief: „Ja, Herr T."

Nicht auszudenken, was ihm auf dem Weg ins Nirgendwo so durch den Kopf gegangen sein mag. Wahnsinn, und dieses Wort geht mir nicht so leicht über die Lippen. Befehl nicht verstanden, aber Ausführung zugesagt. Man mochte da nicht mit ihm tauschen. Diese Szene war an Skurrilität kaum zu überbieten, und wie sie schließlich ausging, ist leider nicht überliefert. Später aber war zu erfahren, dass Herbert T. mit „Wika“ Wiegekarten meinte, was immer das auch bedeuten sollte oder wofür er diese brauchte.

An einem anderen Tage machte T. sich vor der gesamten Belegschaft – beinahe alles Frauen - über seinen Sohn folgendermaßen lustig: „Mein Sohn – hähähä – der sitzt den janzen Tach vorm Aquarium und glotzt die Fische an. Mensch, so ´n Idiot. Als wir noch jung waren, haben wir haufenweise Weiber jehabt, aber der?!“ Dabei war der Sohn ein ganz normaler, patenter und kulturell interessierter Kerl.

Außerdem fürchtete sich der Vater offenbar davor, dass seinem Sohn zuviel Kultur nahegebracht wurde, so warnte er eines Tages lauthals: „Der Wannewitz, der will meinem Sohn den Jazz beibringen!“ Wahrscheinlich verstand er unter Jazz seinerzeit die Vorbereitung eines terroristischen Anschlags oder Ähnliches.

Herbert T. hatte überhaupt sehr eigene Vorstellungen von Kultur oder Freizeitbeschäftigungen. Als sich die Mitarbeiterinnen der Abteilung zum jährlichen Betriebsfest einmal anders als für ein übliches Saufgelage entschieden und einen Wanderausflug in den Harz ausgedacht hatten, kommentierte er dies lakonisch mit: „Nee Leute. Rumlatschen kann ich ooch zu Hause!“ Schon wieder so ein merkwürdiger Kausalzusammenhang. Lassen wir es damit aber nun genug sein.

27. Der Kampf um das Ansaugrohr

Wir Männerinnen sind ja nun endlich gleichgestellt. Außer beim Kinderkriegen natürlich: Diese strategische Überlegung haben gewisse Politikerinnen noch nicht zur Produktreife entwickelt. Die Betonung liegt auf „noch". Umgekehrt fischt und jagt auch manch ein Mann noch gern mit breiter Brust und noch größerem Hals, um zu Hause dann kleinlaut und gehorsam „Ja, Schatz" zu sagen, wenn er zum Staubwischen in und zwischen Eierbechern aufgefordert worden ist.

Ich persönlich bin schon giga-ultra weiter und spüle das Geschirr mit der Hand, hänge Wäsche auf und kaufe ein. Zum Beispiel das gute alte Geschirrspülmittel „Fit", auch wenn dieser Produktname dem Zustand meines Körpers indirekt proportional ist. Oder Wäscheklammern. Aber da wird's schon schwierig, denn kein Hersteller kennt die Dicke der Wäscheleinen eines Nutzers. Die Leinen einer Nutzerin kennt er schon, denn die kauft schlichtweg irgendwelche Klammern und hängt die Wäsche dann eben einfach auf. Fertig. Wie macht sie das bloß?

Ich kann das nicht. Bei mir müssen diese Klammern Orkanen wie „Katharina" standhalten und dürfen selbst dann noch nicht einmal seitlich verrutschen geschweige denn abfliegen. Mein Motto ist eben: Richtig oder gar nicht. So! Aber das Problem mit den Klammern ist noch gar nichts gegen nunmehr von uns Männern verlangte Tätigkeiten wie Staub saugen oder Fenster putzen. Horror! Ich muss hier aufrichtig feststellen:

Dann lieber mit der bloßen Hand eine Toilettenverstopfung lösen, notfalls auch mit dem Mund per Hilfsrohr ansaugen, um dieses kurz vor dem gefühlten Gegenschwall in einen Eimer zu lenken. Das sind die wahren Erfolge. Erfahrenes Handwerk mit Hausmann-Diplom. Auf das quietschvergnügte Geräusch einer kranken Fensterscheibe oder die misslungene Sinfonie eines Staubsaugers kann ich verzichten. Nachdenklich stimmt mich aber: Es sollen auch schon Frauen am Ansaugrohr vor dem Klo beobachtet worden sein. Das irritiert mich nun wirklich.

Ein interessanter deutscher Satz:

„Wahrscheinlich werde ich mich heute Abend nicht erhängen."

Aufgabe: Lesen Sie diesen schönen Satz sechs Mal anders, in dem Sie immer nur ein bestimmtes Wort besonders deutlich betonen, also jeweils die Worte „nicht", „ich", „mich", „heute", „Abend" und „erhängen". Sie werden immer andere, ziemlich lustige Sinne erkennen. Mein Vater erzählte mir, dass sie sich1979 in Vietnam, bevor sie nach einigen Drinks unter dem Moskitonetz ins Bett sanken, diesen Satz als Gute-Nacht-Gruß zuwarfen, zu 75 Prozent scherzhaft, zu 25 Prozent ernsthaft.

28. Meine zehn Ideale – ein Hauch Soziologie für jedermann und eine Spielidee

Also nun die Soziologiestunde. Es gibt sicher über hundert Tugenden, Eigenschaften, Werte, Handlungsmaximen und Ideale. Alle sind mehr oder weniger wichtig, nimmt man nur Aufrichtigkeit, Verantwortungsgefühl, Friedensliebe, Vertrauen oder den banalen Ordnungssinn.

Ich hatte einmal ein populärsoziologisches Spiel entworfen mit etwa 50 solcher Tugenden. Inspiriert war ich durch das Buch „Tugend nicht gefragt" von Heinrich Klomps. Jeder Mitspieler sollte die Tugenden nach seiner persönlichen Wichtigkeit ordnen, eine eigene Rangfolge bestimmen. Wenn dies geschehen war, konnte man die dem Mitspielerkreis bedeutendste Tugend ermitteln, ganz einfach, welcher Begriff die geringste Summe der Bewertungen hatte.

Wer viele Einsen hatte, war also vorn. War es der Mut? War es die Liebe? War es Zuversicht oder Selbstdisziplin oder Hilfsbereitschaft? Beim Begriff der Tapferkeit zum Beispiel scheiden sich einige Geister. Es wird dann nach der Prozedur der Ausfüllung der Listen jedenfalls nur zusammengezählt und so ergibt sich ein Querschnitt der Meinungen zur Lebenseinstellung. Was ist uns wichtig?

Dies wiederum wäre zusammen mit Einzelbewertungen eine schöne Grundlage zu einer psychosozialen Diskussion gewesen, für einen interessanten Abend eben: Warum hat wer welche Tugend wie eingeordnet? Es wäre ungemein spannend gewesen, zu sehen, welcher Wert ganz vorn und welcher ganz hinten landet. Aber das Spiel wurde nie gespielt. Entweder habe ich zu wenig dafür geworben, habe es zu schlecht erklärt oder ich habe eben den falschen Freundeskreis, wenn ich hier als beleidigte Leberwurst urteilen würde.

Hier und heute aber möchte ich nur meine eigene Sichtweise auf solche zentralen Werte zusammenfassen. Deshalb habe ich mich auf die 10 mir wichtigsten beschränkt. Es ist natürlich klar, dass es sich um Ideale handelt, die wohl kaum jemand zu 100 Prozent erreicht oder umsetzt. Ein paar Genies oder großartige Menschen vielleicht, ich jedenfalls sicher nicht. Aber als Zielpunkte, als Maximen, als Denkanstöße oder auch nur anstrebenswerte Eigenschaften kann ich sie mir vorstellen. Nun also los:

1. Die Würde

Die Menschenwürde ist unantastbar, schreibt das Grundgesetz und zumindest damit hat es wohl recht. Ein Mensch hat das Recht, geistig und körperlich unversehrt zu bleiben, das Recht, geachtet und gleichbehandelt zu werden. Die Würde des Menschen ist unantastbar. Gern wiederhole ich dies. Denn es ist fulminant und sollte in Stein gemeißelt sein. Selbst Misanthropen sollten vor dem Anspruch der Würde des Menschen demütig sein, auch wenn ihre Haltung verständlich ist.

2. Die Güte

Den christlichen Dreiklang der Glaube, Liebe und Hoffnung fasse ich hier mit dem Begriff der Güte zusammen. Die Güte steht für mich noch darüber. Nicht jeder Mensch kann lieben, glauben oder hoffen. Aber jeder kann versuchen, gut zu sein. Ein guter Mensch ist etwas gänzlich anderes als ein Gutmensch. Einer meiner Aphorismen heißt deshalb auch: „Tue Gutes und schweige darüber." Gutes zu tun in der Gewissheit oder ohne die vordergründige Aussicht, es honoriert zu bekommen, sei es, durch Lob, Publicity, mediales Echo oder Schildchen an der gesponserten Sitzbank. Gutes in der anonymen Stille zu tun – das ist echte Güte.

3. Die Integrität

Dies ist natürlich einer der anspruchsvollsten Begriffe überhaupt. Wer ist schon integer? Menschliche Schwächen zeigen sich auch bei den berühmtesten Persönlichkeiten. Aber vielleicht gibt es eben doch eine Art Grundanständigkeit, die wir lernen sollten. Das hat auch etwas mit Haltung zu tun, mit Geradlinigkeit und vor allem mit Redlichkeit. Bei starken Menschen mündet dies alles nicht zuletzt in einen Gerechtigkeitssinn, der hier auch als eigene Tugend aufgeführt werden könnte.

Bei Weitem nicht alle Politiker, Anwälte, Richter, Manager, Publizisten, Meinungsträger, Wissenschaftler dieses Landes – kurz, Angehörige der so genannten Elite – sind von diesem Sinn durchdrungen. Politiker lassen sich kaufen und marionettisieren, Richter machen offene „Deals" mit Superreichen, die sich freikaufen können, vermeintliche Vorzeigejournalisten spielen nur das Spiel ihrer Verleger und Geldgeber. Gelackt und scheinanständig sind sie natürlich alle, besonders die Gesellinnen und Gesellen von der FDP.

4. Die Begeisterungsfähigkeit

Diese Eigenschaft ist mir eine der liebsten. Vor allem mit Aufgeschlossenheit als ebenfalls eigener Tugend hat die Begeisterung zu tun. Mit dem Brennen für und Auskosten des Schönen, des Guten und Wahren. Und mit Genussfähigkeit. So gesehen bekenne ich mich zu einem ausgeprägten Hedonismus. Man lebt schließlich nur einmal, aber der eigentliche Grund ist nicht erklärbar, er kommt aus einem selbst heraus.
So wie Jugendlichkeit bedeutet, verbüffen zu können und verblüfft werden zu können, so bedeutet auch Begeisterungsfähigkeit, sich begeistern lassen zu können und andere begeistern zu können, oder es zumindest zu versuchen. Heute reden die Esotheriker von Achtsamkeit. Okay, sicher nicht ganz zu unrecht. Aber haben sie je von Fulminanz, Extase, Exzentrik, heller Freude gehört?
Und mit Emphase hat die Begeisterungsfähigkeit zu tun – der Eindringlichkeit. Es gibt kaum einen Bereich unter dieser Sonne, der zum Beispiel mich nicht interessiert, ja, dies ist ausdrücklich ein eigenes Schulterklopfen. Sorry. Da man sich nun wirklich nicht auch noch für Medizin, Heilkunst, Esoterik, Mode, Trendsportarten und Zirkuskunst interessieren kann, beschränke ich mich auf die folgenden Gebiete, von denen ich kein einziges jemals wirklich und vollends durchdringen kann:

Sprache, Literatur, Medien, Philosophie, Bildende Kunst, Musik, Mineralogie, Kulinarik,, Paläontologie, Geografie, Botanik, jüngere Geschichte, Ästhetik, Astronomie, Soziologie und Politik. Leitidee bleibt, im Kleinen das Große zu entdecken, also vom Besonderen auf das Allgemeine zu schließen. „Vermehrt Schönheit“ steht auf einem Aufkleber an meiner Zimmertür. Dem ist zu frönen.

5. Der Humor

Mit Humor ist hier nicht das Witzemachen am Biertisch oder in der Grillrunde gemeint, welches vielen Menschen zum persönlichen Erheiterungspegel genügt. Schon gar nicht, wenn es sich auf schnöde Frivolitäten beschränkt wie bei busenhochgeschnürten Oktoberfesten, knalllustigen Schützenfesten oder feisten CDU-Stammtischen. Nein. Mit Humor meine ich eher den guten alten Mutterwitz, das Selbsterlebte, den leisen Witz, das Lächeln Machende, das freundlich Verbindende, die wunderbaren Stories des Alltags. Ich habe diese Art von Humorverständnis von meinen Vätern gelernt. Mein Opa verstand es, uns Kinder mit solchen Moritaten derartig zum Lachen zu bringen, dass wir ihn, uns vor Zwerchfellschmerzen krümmend unter dem Tisch liegend, flehend baten, mit den Späßen augenblicklich aufzuhören, um nicht das Zeitliche segnen zu müssen. Bad Düben, Ritterstraße 19, im Jahre 1969. Humor ist zwar, wenn man trotzdem lacht, aber auch, wenn man trotzdem nicht lacht. Humor ist die Brücke der Leichtigkeit, das Sein zu bestehen.

6. Die Kontemplation

Diese Tugend ist nach meiner Ansicht weitläufig unterbewertet. Viele Menschen wissen gar nicht, was das Sich-Zurückziehen in die eigene Gedankenwelt, das halbe oder vollständige Meditieren, die tiefe Nachdenklichkeit bedeuten. Ihnen mangelt es an Zeit, Muße oder der Fähigkeit, sich allein mit einem Thema intensiv gedanklich auseinanderzusetzen. Sie haben noch nie einen einzigen, eigenen kreativen Gedanken entwickelt. Sie vollziehen nur nach nach, niemals vor. Dabei ist ein gewisses Maß an Spiritualität beglückend, erfüllend, herzerfrischend und ich hätte dieses dritte Wort beinahe ohne zweites r geschrieben.
Mein Vater schrieb in dem ihm eigenen Selbstbewusstsein einmal, dass die meisten Menschen nur wie Kühe geboren werden, eine Weile Gras fressen und dann wieder absterben. Die von mir zitierte Würde hatte er dabei wohl kaum im Sinn, aber er brachte auf den Punkt, dass eine gewisse Kultur und der Sinn dafür den meisten Menschen fremd ist. Es geht vor allem um Geld, Sex, Sport, Mode, Schnulzen und Autos. So geraten auch die meisten Gespräche bei Gartenfeiern, Geburtstagen oder Volksfesten. Ein bisschen übertrieben, sicher. Oder doch nicht?

7. Die Empathie

Das ist bekanntlich die Bereitschaft und Fähigkeit, sich in die Einstellungen, Gefühle, Ansichten anderer Menschen einzufühlen, einzudenken. Viele Leute verwenden dieses Wort heute, aber kaum einer durchdringt es. Einfühlungsvermögen ist aber die Voraussetzung für eine gesunde Urteilsfähigkeit in allen zwischenmenschlichen Beziehungen. Zentral ist das Wort mit. Man sollte mit anderen Menschen besser kommunizieren, auskommen, umgehen können, wenn man mit ihnen fühlt, sie zu verstehen versucht. Ihre Perspektive kurzzeitig einzunehmen, ist ungemein hilfreich für den Fortschritt und das Klima des Gespräches.
In Diskussionen ist es eben ratsam, sich in Andere hinein zu versetzen, um die Debatte ruhiger, entspannter, zielgerichteter, gewinnbringender zu führen und gestalten. Empathie ist eine zutiefst menschliche Qualität, die ausgerechnet jene oft nicht ihr eigen nennen können, die sich auf sie berufen. Empathische Menschen können aber gerade den nötigen Draufblick ihr eigen nennen, um ausgleichend, beruhigend, befriedend wirken zu können. Empathisch ist im Übrigen nicht mit emphatisch zu verwechseln, eine ebenso wertvolle Eindringlichkeit, anzustrebende Tiefe beschreibend.
Empathie ist – als Beispiel – Mitleid und als notwendige Ergänzung des Mitleids auch die Mitfreude. Mir persönlich ist die Mitfreude fast noch ein bisschen wichtiger als das Mitleid, welches falsch verstanden oftmals und verständlicherweise gar nicht so gern angenommen wird. Wer will schon bemitleidet werden? Leises Mitleid als tatkräftige, stille Hilfe sehe ich dagegen als sehr positiv an. Mitfreude dagegen hat nur Helligkeit. Für alle. Ich weine zum Beispiel kaum je aus Traurigkeit, sondern viel öfter aus Freude.

8. Die Liebe

Ach ja, die Liebe. Warum kommt sie hier an später Stelle, obwohl irgendwo vorher schon neben der Güte von mir als eminent wichtig bezeichnet? Vielleicht, weil ich damit ein Problem habe. Mein Leben lang – zumindest, was die holde Weiblichkeit betrifft. Ich habe in meiner ersten ernsten Partnerschaft versagt, enttäuscht. Wenn das Versagen wohl auch gegenseitig war. Wir waren zu jung, zu unreif, zu

unerfahren, zu dumm. Ich habe geliebt, ja, aber dies im wirklichen Leben nicht umgesetzt. Wir waren Kinder.
Als Jugendlicher war mein höchstes Liebes-Ideal nicht etwa ein Kuss oder gar Sex, sondern schlicht, wenn ein Mädchen einfach nur ihren Kopf in die Kurve zwischen meinem Hals und meiner Schulter legt. Punkt aus. Das reicht. Irgendwie denke ich noch heute so, nach vielen gelungenen und weniger gelungenen Partnerschaften. Wichtig ist nicht das Nehmen, sondern das Geben. Diese schlichte, intensive, fast reglose, aber in der Tiefe der Empfindung nicht zu übertreffende Nähe der bloßen Innigkeit ist vielleicht der beste Ausdruck des Gleichgewichts von Geben und Nehmen. Liebe gibt es nur mit dem Aktiv. Dass Passiv ist schön, aber nicht ausreichend. Aber das Aneinanderschmiegen kommt der Annäherung von Passiv und Aktiv vielleicht am meisten entgegen. Und nicht etwa der Sex. So schön er auch sein mag.
Ja, die Liebe ist ein zentraler Begriff, vielleicht der anspruchsvollste überhaupt. Ich habe, von wunderbaren Verliebtheiten abgesehen, wohl nur zwei oder bestenfalls dreimal wirklich partnerschaftlich geliebt. Dieses wärmste, menschlichste, posi-tiefste Gefühl gegeben oder empfunden. Genommen habe ich es wahrscheinlich ähnlich oft. So etwas ist ohnehin nicht messbar. Die Liebe bleibt ein ewiges Rätsel.
Natürlich bleibt meine tiefe Liebe zu meinen Angehörigen, vor allem zu meiner Mutter, meinen zwei Söhnen, meiner Frau, meinem Bruder und nicht zuletzt meiner geliebten Cousine Silke v. Jagemann, von meinen Ausführungen unberührt.

9. Die Lebensfreude

Sicherlich kam diese Eigenschaft schon hier und da vor, aber sie verdient meines Erachtens dennoch eine extrahierte Erwähnung. Warum leben wir eigentlich? Fortpflanzung? Ja, aber das ist auch ein gewisser Selbstzweck, etwas Selbstverständliches, etwas Gegebenes. Man kann aber auch niemandem vorwerfen, sich nicht fortzupflanzen. Leben wir, um die göttliche Schöpfung zu erhalten? Also das Leben an sich. Die Natur, die Tiere, Pflanzen, Menschen und die ganze Erde gleich mit? Mutter Erde und Muttererde? Ja, irgendwie sicher. Aber sich auf die Bahre zu legen, ohne einen gewissen Frohsinn im Leben gehabt zu haben, kommt einem auch recht merkwürdig vor. Die Freude am Dasein scheint mir unter dem

Lebensstrich doch sehr wichtig.
Dazu gehört für mich vor allem der immer wieder mit Leben erfüllte Sinn für Schönheit und die Vermehrung derselben wie etwa mit gelungenen Landschaftsfotos, aber auch der gelebte Sinn für Musik, namentlich des Blues, Jazz, Swing, Soul, R&B, Rock´n Roll und vor allem der Klassik, dazu das Interesse für die Bildende Kunst wie am Anfang dieses Machwerkes beschrieben, der Hang, fremde Länder kennen und genießen zu lernen nicht zuletzt der Genuss schlechthin: das gute Essen. Scheiß drauf, ein paar Monate oder Jahre weniger zu leben: Gutes Essen ist Charakter, Stil, Genuss, Wissen, Feinheit, Kultur und im richtigen Moment das verklärte Augenverdrehen. Das isses!

10. Der Wissensdurst

Ich habe noch nie Menschen verstanden, die sich nicht für Nachrichten interessieren. Natürlich sind die auch nur menschengemacht und fehlbar wie alles auf der Welt. Aber sie machen uns schließlich doch aufgeklärter, klüger, wissender, insofern reicher. Aber Wissensdurst ist ja viel mehr als nur Nachrichtendurst.
Ich habe einfach keine Lust, mich auf die Bahre zu legen, ohne nicht alles versucht zu haben, mehr über diese große und kleine Welt erfahren zu haben. Das Leben muss doch einen tieferen Sinn haben als essen, trinken, alles wieder ausscheiden, arbeiten, ein bisschen kopulieren, saugen und abwaschen, TV oder Netflix zu schauen und sich auf ein Konzert mit Helene Fischer zu freuen. Der Rest sind Sport, Autos, Mode und dumme Witze. Das ist einfach zu wenig. Arrogant? Ja, verdammt, mit Ausrufezeichen!
Das Spektrum, welches das Dasein auf dieser Erde uns bietet, ist doch um Einiges bunter, witziger, verblüffender, nachdenklicher, reichhaltiger, spannender, interessanter und tiefgehender als dieser schnöde Alltag, in dem zu viele verharren. Da ist die Philosophie mit ihrem Angebot, welches allein ein Leben füllen könnte. Da ist die unendlich schöne Natur mit ihrer umwerfenden Botanik und mit ihren Meeren und Gebirgen, die vor der Nase, aber auch weltweit erkundet werden wollen. Da ist die Bildende Kunst und die Literatur, die erschlossen werden wollen und die so sehr gewinnbringend sein können, wie zum Teil in diesem Machwerk schon beschrieben.

Als ich als junger Mann Jean Jaques Rousseaus „Bekenntnisse“ gelesen habe, wurde mir das klar. Wen das Gesicht der Venus auf Boticellis Muschel nicht gefangen nimmt, der sollte sich die Kugel geben. Und da sind ja noch die Geologie, Archäologie, Mineralogie, Typografie, die Wunderwelt der deutschen Sprache mit ihrer Lyrik und die Sprachen überhaupt, die Ästhetik wie schon einige Male erwähnt, die Architektur und Baukunst (mein Papa hat die Riesaer Elbebrücke entworfen),
Astronomie ist das wohl geheimnisvollste und anspruchsvollste aller interessanten Felder unter der Sonne. Die Weiten des Universums haben eine unerschöpfliche Großartigkeit, die unsere Demut, unsere menschliche Kleinheit so deutlich macht. Aber auch die spannende Menschen-Geschichte und die sie begleitende, abstruse Politik aller Gesellschaftsordnungen stellt eine Herausforderung dar. Der sich aufspielende neoliberale Kapitalismus zum Beispiel, der keine Antworten auf die dringenden Fragen der Menschheit findet und finden will, die politischen Protagonisten wie die deutsche FDP und SPD zum Beispiel eingeschlossen. Zwei Versager par excellence. Politischer Mut war gestern.
Alles in allem lohnt es sich, wissensdurstig zu sein. Einfach, weil es eine Freude ist. Fragen sind immer klüger als Antworten. Denn die letzteren sind nur Erfahrung, gelernt, abrufbar, streitbar, fragwürdig im besten Sinne. Fragen aber sind aus der Sicht des Fragenden neu, kreativ, den Willen zum Leben widerspiegelnd. Das ist es!

Nachbemerkung:

Es gibt noch viele weitere Tugenden, Werte und Eigenschaften, die ich sehr schätze. Darunter ganz vorn die Demut. Diese haben und gedemütigt werden ist ja ein himmelweiter Unterschied. Das eine ist positiv, das andere negativ. Oder Schönheitssinn und Geschmack, darüber könnte man ganz viel, ja ein ganzes Buch schreiben. Vielleicht mache ich das noch. Und und und. **Jeder kann an dieser Stelle über eigene Ideale nachdenken.**

29. Wenn der Lativ nicht super ist

Das Schöne an der deutschen Sprache ist, dass sie zwar schwierig, aber dafür ausdrucksstärker als andere ist. Nehmen wir nur einmal die Steigerungsformen außerhalb der üblichen von Adjektiven. Wenn man hier die Richtung umdreht und sozusagen von Absenkungsformen sprechen müsste, ergeben sich bei Substantiven entzückende Möglichkeiten. Da ist zum Beispiel das Feld der trinkbaren Flüssigkeiten und wir meinen nicht Limonade, Brause, Bonbon- oder Kicherwasser, sondern Kaffee, der sich durch Brühe und Lorke bis zur Plörre nach unten „steigern“ lässt. Also lieber noch eine Lorke als eine Plörre.

Letztere ist weder etwas für den Gaumen noch für den Gesichtserker, den Riechkolben oder gar den Zinken als unterste Form der Bezeichnungen für die Nase. Eine solche muss man zum Beispiel für den richtigen Aufenthaltsort haben. Eine schöne Senkungsform weist hier die kleine Gemeinde auf, die man, wenn man sie nicht Dorf nennt, dann weiter von oben nach unten gelegentlich als Kleinsiehstenicht, Kaff, Kuhbläke oder gar Drecksnest bezeichnet, in dem neben Hunden viele Köter, Kläffer, Tölen oder gar Töffen herumlaufen. In solchen „Drei-Häusern-und-vier-Spitzbuben“ befindet sich meistens dann auch ein kleiner Teich, Weiher, Pfuhl oder Tümpel, auf den man entweder aus einer Gaststätte, Kneipe, Kaschemme oder gar Spelunke schauen, sehen, wahrnehmen oder glotzen kann, und zu der man gelaufen, gerannt, gewetzt oder auch gejachtert war.

Die niedrigste Form wäre in diesem Falle also: **Ich glotzte in einem Drecksnest aus einer Spelunke, zu der ich gejachtert war und in der ich Plörre trank, auf einen Tümpel, um den eine Töffe lief.** Soll ja vorkommen. Und in dem Tümpel lag dann hoffentlich nicht jemand, der zuvor erledigt, um die Ecke gebracht, gemeuchelt oder schlichtweg abgemurkst wurde. Ist es doch passiert, muss ich mich vor Schreck nicht erst auf mein Gesäß, Hintern, Po oder den geläufigen A… setzen, denn ich sitze ja bereits auf meinem Allerwertesten.

Rückblick: Das dichte, wilde Jahr 1974

Meine erste tiefere, platonische Verliebtheit – mein Abitur – der tragische Pareyer Schülermord – das internationale Fußballturnier in Warschau (s.o. beschrieben), an dem ich teilnahm – meine knochenharte 3-Schicht-Arbeit am Rütteltisch im Betonschwellenwerk – meine Einberufung in die Raketenabteilung 8 der Nationalen Volksarmee als Fahrer eines Schützenpanzerwagens. Was für ein Sinuskurvenjahr!

Da über den Schülermord ein Roman erschien und der sehenswerte DEFA-Spielfilm „Vernehmung der Zeugen" (eine der ersten Rollen übrigens von Henry Hübchen) entstand, möchte ich hier nur kurz auf dieses schlimme Ereignis eingehen. Ich kannte sowohl das Opfer als auch den Täter. Mit ersterem, „E.", spielte ich zusammen Fußball und die Mutter des Täters war kurze Zeit mit meinen Eltern befreundet.

Sie war Ärztin, und mein Vater schon lange mit dem schon ansässigen Dorfarzt befreundet, so kam die Bekanntschaft mit der neuen Ärztin und ihrem Sohn aus Berlin zustande. An jenem Abend war Disko bei „Ella Paasche", einer Kneipe mit Saal in Parey. Ich sprach noch ‚mit „E.", denn wir freuten uns auf die Reise zum Turnier nach Warschau, die kurz bevor stand. Gegen 22 Uhr ging ich nach Hause.

Kurz danach muss es passiert sein. Der Sohn der Ärztin stach vor der Tür zum Disko-Saal sieben Mal auf „E." ein. Ich weiß nicht, was dem voraus gegangen war. Weder, direkt an jenem Abend, noch die Jahre zuvor in der Schulklasse, in die der fremde Schüler aus Berlin gekommen war, der sich als naturliebender Einzelgänger erwies. Die Mutter des Täters wurde angesichts der Tat gerufen als Ärztin, sie stellte nur noch den Tod fest und erfuhr, dass ihr eigener Sohn dafür verantwortlich war. Dieser ließ sich ohne Gegenwehr festnehmen und bekam acht Jahre Jugendhaft. Täter und Opfer waren 16 Jahre alt. Pardon, jung.

30. Was ist schon der richtige Fall gegen den Fall des Falles?

Altweibersommer 2000. Sehr schöne Fotos hatte ich an jenem Septembertag gemacht. Ich war nun schon drei Jahre lang Pressesprecher des Oberbürgermeisters Hans-Jürgen Haase. Die Bilder entstanden am längsten geradlinigen Gradierwerk Deutschlands in Schönebeck-Bad Salzelmen. Das war mal mehrere Kilometer lang, als es der Alte Fritz im 18. Jahrhundert erbauen ließ. Heute stehen noch 330 Meter, aber die lohnen einen Besuch, allein wegen der am Schwarzdorn herabrieselnden Sole und der dadurch gesunden, salzhaltigen Luft.

Die Fotos waren also „im Kasten“, glaubte ich. Doch dann folgte der große Schreck: Meine Kamera war weg! Kurz, nachdem ich mich zum Feierabend in den ersten Wagen der Regionalbahn Richtung Magdeburg gesetzt hatte und der Zug schon in Bewegung war, stellte ich den Verlust fest. Ich hatte den nicht ganz billigen Apparat auf einer Sitzbank des Bahnsteiges 4 am Bahnhof Schönebeck/Elbe liegen gelassen. Einem der hässlichsten Bahnhöfe südlich des Nordpols. Gar nicht hässlich war der Zugführer, den ich sofort aufsuchte. Er öffnete mir die Tür der Fahrerkabine und versuchte, noch während der Fahrt den Bahnhof in Schönebeck über Funk zu erreichen. Leider ohne Erfolg.

Den Tipp, es über das Handy der Zugbegleiterin zu versuchen, nahm ich gerne an. Begleitet von durchwachsenen Blicken der Fahrgäste, hastete ich bis in den letzten Wagen, wo sich die junge Frau gerade befand. „Tut mir leid, mein Akku ist eben gerade zu Ende gegangen.“ Hmm. Das Problem eben, welches auch der zum Mond fliegende Kapitalismus nicht zu lösen imstande ist. Oder sein will. Das war nun wirklich Pech, dachte ich bei mir.

Also hieß es, schnell zurück zum Zugführer, einen neuen Versuch starten. Dort angekommen, sah ich nicht nur den Magdeburger Hauptbahnhof näher kommen, sondern endlich auch den berühmten Silberstreif am Horizont. Der Bahner sagte: „Die Aufsicht in Schönebeck muss meinen Funkspruch wohl doch empfangen haben – der Fotoapparat kann bei ihr abgeholt werden.“ Die Schönebeckerin hatte das Gerät sofort nach dem unterbrochenen Funkspruch in Sicherheit gebracht. Mir fiel der gewisse Stein vom Herzen.

Der Zug kam – ausnahmsweise – pünktlich in der Domstadt an, so dass ich gleich die nächste S-Bahn zurück nach Schönebeck schaffte. Die Dame von der Dienstaufsicht kam mir schon entgegen und ich nahm meine Kamera glücksstrahlend und dankend in Empfang. Erst viel später, wieder um Einiges entspannter im Zug sitzend, erinnerte ich mich: Das war doch exakt jene Frau, über die ich mich immer ein wenig geärgert hatte, wenn sie bei der Ansage über die Lautsprecher des Bahnsteigs regelmäßig ein kleines „n“ vergaß: „Achtung! Der Zug hält nicht auf Unterwegsbahnhöfe!“ Tja, wie kleinlich von mir. Denn was ist schon der deutsch richtige Fall gegen den Fall des Falles? Von nun an fuhr auch ich immer an „Unterwegsbahnhöfe“ vorbei.

Sah ein Knab

Stummer alter Eisenbahndamm
hast deine Farben verloren.
Doch des Schotters so bleicher Schlamm
hat Pusteblumen geboren.

Da kommt ein Knabe her und bricht
die Pflanzen, die ihn verführen.
Lustig die kleinen Schirmchen sich
in Windes Eile verlieren.

(Anleihe an Goethe)

31. Als uns das Glück ein Stück begleitete

Wir waren an jenem denkwürdigen Tag bei den Eltern in Parey an der Elbe zu Besuch und traten nun die Heimreise an. Es sollte eine etwas amerikanische Reise werden. Wenn auch mit einem schnöderen Auto als einem Caddi. Scharfer Wind, der jähe Wechsel von Wolkenlichtungen und düsteres Hagelgrau hatten den Tag geprägt. Es war dies nicht irgendein Tag. Es war jener Tag, der den Frühling deutlicher noch als der 1. oder der 21. März ankündigt: Der 1. April. In diesem Falle des Jahres 2012. Die Karwoche nach Christi stand bevor und man dachte schon vage an den Osterspaziergang von Goethe.

In der nachdenklichen Tageszeit der einsetzenden Dämmerung fuhren wir nun zurück nach Magdeburg. Der Monat sollte uns dieses Mal in seiner sympathischen Verrücktheit und sprunghaften Schönheit begrüßen. Erstes zartes Grün war gerade ans Licht gebrochen und bei Güsen neckten sich zwei edelblütige Pferde in einer Koppel am Straßenrand. Sie sahen beinahe wie junge Mustangs aus. Gerade, als wir vorbei fuhren, stellte sich das schwarze Ross sekundenlang aufrecht auf die Hinterbeine, um zu imponieren. Uns oder der Stute? Was für ein Anblick!

Zuvor im Autoradio brachten sie plötzlich und unerwartet eine Sendung mit amerikanischer Musik der 30er Jahre – eine wissende Moderatorin stellte eine halbe Stunde lang das berühmte Count Basie Orchestra vor. Dieser schwarze Pianist aus Kansas City mit dem federleichten Anschlag aus schwerer Hand führte eine seinerzeit großartige Bigband des harten Swing. Exzellente Jazzsolisten wie Lester Young, Jo Jones, Walter Page oder Eddie Green mischten da mit und brachten den dampfenden Kessel Basies mit Titeln wie dem unvergesslichen „One o´clock jump“ zum Sieden.

Und als es so groovte im Auto von Hohenseeden nach Reesen, die unvergessene Ella Fitzgerald „Shiny stockings“ sang und wir irgendwie mitwippten, passierte das Unglaubliche: Am Bahnübergang in Burg, aus Parchau kommend, zeigte sich plötzlich ein weiteres schwarzes Ross. Nur keines aus Fleisch und Blut, sondern eines aus Stahl. Es gehörte zu einer vorbeiratternden Dampfeisenbahn mit ihren englischgrünen und mit Messingbeschlägen versehenen Salonwagen. Wir trauten unseren Augen nicht. Das war eigenartig schön: Erst die alte Jazzmusik und nun ebenso alte, schnaufende Lokomotive. Saß die Band in einem der Waggons? Es war ein Augenblick wie aus einer anderen Zeit. Das Glück hatte uns an jenem Tage ein Stück begleitet.

Zackli Packli

„Zackli Packli Donnergrollen – Drachen mit den Augen rollen...“, so begann jedes Mal der Auftritt. „Zackli Packli“ hieß ein kleines Kinderliedertheater, welches wir Ende der 80-er Jahre in Magdeburg gegründet hatten. Wir, das waren im Wesentlichen Axel Petrasch (g), Martina (voc) und Ronald Mainka (p), Egbert Wagner (tp) und ich (tb). Wir ließen eigene Plakate drucken und bauten unsere transportable Bühne selbst. Den Entwurf des Plakates steuerte der Künstler Heinz Israel bei. Wir traten sehr oft in der Bezirkshauptstadt sowie im ganzen Umland ziemlich erfolgreich auf. Eigene Lieder mischten sich mit Songtexten des Gripstheaters Westberlin, des wohl berühmtesten Kindertheaters im Westen. Genormte sozialistische Texte waren nicht dabei, weshalb wir garantiert auch unter Beobachtung der Staatssicherheit standen. Tja, „Klaus hatte eine Hakennase und Lisa Sommersprossen“, aber: „Na und, na und, die Welt ist eben bunt. Jeder Mensch sieht anders aus, da mach dir gar nichts draus...“

32. Glücksschnitten und andere Schnerplichkeiten

Kindheitserinnerung: Beim Abendbrot hatten meinen Bruder René und ich immer ein schönes Spiel. Wir machten uns so genannte „Glücksschnitten“. Es kam darauf an, so viel unterschiedliche Beläge auf ein einziges Butterbrot zu verteilen wie möglich. Sage noch einer, uns in der DDR ging es schlecht. Denn die Auswahl war groß. Neben Wurst- oder Käsesorten wurden auch Tomate, Radieschen oder Gurke anerkannt. Am Ende zählten sogar Zwiebelstückchen und Schnittlauch als Auflage. Wer am meisten „drauf“ hatte, hatte gewonnen. Der Fantasie waren von Mal zu Mal – von Mahl zu Mahl - immer weniger Grenzen gesetzt, und so mischten sich auch wenig kompatible Speisen auf dem Brot, etwa Fisch neben Marmelade.

Wir lernten kulinarische Offenheit. Unsere Eltern maßen gutem Essen überhaupt eine große Bedeutung bei. Etwas Feines auf dem Tisch hieß bei uns „Schnerplichkeit“. Dieses Prädikat erhielt nur besonders Leckeres. Wie Bad Dübener Gänseschmalz. So schmeckte nie wieder eins. Unweit von Parey gab es sogar eine Käserei, die unvergleichlichen Limburger und Romadur herstellte. Je furchtbarer der Gestank, um so köstlicher und erlesener der Geschmack. Als mein Vater in den späten sechziger Jahren von einer Auslandsreise die bis dahin hier unbekannten Oliven mitbrachte, pries er sie als Delikatesse „zwischen Hundepisse und Dieselöl“ an. Aber so gewöhnten wir uns früh an die Köstlichkeiten der Welt, von Saigon-Röllchen in Reispapier und Nuoc-Mam-Soße aus in der tropischen Hitze gegorenem Fisch bis zu salzigem Anchovis aus dem Mittelmeer. Er machte Lasagne, Pommes Frites und Pizza selbst, als diese in der DDR noch Fremdwörter waren. Und das beste ungarische Gulasch, das ich je gegessen habe. Andern Tags war die wunderbare Wiener Küche meiner Mutter dran: von echten Powidldatschkerln bis zur einzigartigen Maultaschensuppe aus selbst mit dem Nudelholz hergestelltem Teig mit seiner wunderbaren Knoblauch-Fleisch-Füllung. Da kann bis heute kein 5-Sterne-Hotel mithalten. Jeden Samstag gab es die unvergessenen „Roten Nudeln“, also Makkaroni in Tomatensoße und gebratener „Polnischer“, die Soße mit Butter-Semmelbrösel angedickt, dass man sie besser gabeln konnte: Ein Gedicht, wenn auch das Tomatenmark besorgen immer ein kleines Glücksspiel war.

Eine Welt für sich waren die Waldpilze, in deren wundersames Reich mich mein Großvater einführte, der Förster war und 99 Jahre alt wurde. Parasole als Pilzschnitzel, Grünspanträuschlinge, der violette Rötelritterling oder der echte Reizker – alles edle Speisegrundlagen. Oder der würzigste aller Pilze – der Mousseron oder Knoblauchschwindling - als feiner Suppen- und Soßenpilz. Schließlich die Krause Glucke, dieser essbare Schwamm, der in der klaren Suppe als „Saure Piepen" unvergleichlich gut mundet.
Natürlich war die Verkaufskultur der DDR mehr als gewöhnungsbedürftig, ich kann mich zum Beispiel noch gut an den oftmals schimmligen Quark erinnern. Wenn er mal gut war, gab es feine Quarkkeulchen aus der Kartoffelpresse von der Mutter. Die komplettierten den Zyklus Eierkuchen und Kartoffelpuffer. Man entwarf in der DDR indessen skurrile Produkte wie etwa „Fetzer, Zweichschichtriegel, geschäumt" wo man sich fragte, ob der in Leuna hergestellt worden war. Immerhin war er nicht weniger gesundheitsschädlich als sein von DDR-Kindern angebetetes Westvorbild „Mars". Wenn uns unsere Tante, die sich vielleicht sogar die Atemluft aus dem Westen schicken ließ, mal einen Marsriegel schenkte, schnitten mein Bruder und ich es mit einem scharfen Messer in etwa 12 exakt große Scheiben, die dann brüderlich geteilt wurden.
In einem konnte der Westen uns aber kaum etwas vormachen: Beim Brot. Wir hatten in Parey seinerzeit sage und schreibe sieben Bäcker! Die bekanntesten waren Flutwedel, Ogen, Neuhetzki und Hanke. Sieben für gut 3000 Einwohner. Und einer war besser als der andere. Nirgends auf der Welt gab es einen solch „irren Duft nach Brot", zum Beispiel bei Bäcker Hanke in der Zerbener Straße. Der Mann hatte vom Mehlsäcke-Tragen einen Buckel wie Baba Yaga und der Ladentisch war eine mächtige bloße Eichenbohle direkt vor dem Backofen. Wir holten das Brot in Einkaufsnetzen, von Plastiktüten war noch keine Rede.
Vom Kaffee sagte man zwar „Jacobs ist die Krönung, aber Rondo der Gipfel", aber dafür gab es feinen grusinischen, chinesichen und indischen schwarzen Tee, im Pappkarton oder in der edlen Blechdose. Eine Kokosnuss gab es vielleicht einmal im Jahr zu kaufen, aber braucht man die wirklich in Mitteleuropa? Mein Vater ließ sie dann so lange im Keller liegen, bis sie schlecht war. Immerhin habe ich als 15-jähriger aus den zwei Schalenhäften dann noch bemalte Vodoo-Masken

gemacht. Wo die wohl geblieben sind?

33. Einen an der Waffel?

Über Geschmack lässt sich bekanntlich streiten. Meiner ist ganz einfach: Ich will immer nur das Beste. So ist dies hier ein Thema, bei dem ich nicht gerade dahin schmelze. Schlechterdings tut dies meine klassische Speiseeismischung in einer dicken, italienischen Eisummantelung von schier entwaffelnder Süße. Das Zeug wird immer mehr und süßer im Mund, so dass das Eis gar keinen Kontrast mehr darstellt.

Das vom Rande überbordende Erdbeer-, Vanille- und Schokoladeneis habe ich erst einmal soweit verzehrt, bis meine Zunge nicht mehr in den Waffelschlund gelangte. Und dann? Hatte ich Waffel gesagt? Nein, Kekse muss man dieses Zeug nennen, welches schmeckt, als käme es direkt aus einer Honigkuchenzuckerbäckerei. Wie „kalte Schnauze“ ohne Schokolade. Ich möchte aber Eis essen und keinen Kuchen als Mini-Zuckertüte, weil das für mich irgendwie überhaupt nicht zusammenpasst. Das ist wie Windbeutel mit Salzhering.

Waren das noch schöne Zeiten vor gut 30 Jahren, als es die wunderbar-pappigen Eiswaffeln aus der „volkseigenen“ Nahrungsmittelproduktion gab und nicht diesen Kuchenkeks. Die DDR-Eiswaffeln waren zwar womöglich aus den farblosen Verpackungen aus HO und Konsum recycelt worden, schmeckten aber dafür doch so wunderbar nach gar nichts!

Schöööön geschmacksneutral. Sympathisch altbacken. Lecker! Wenn etwas nach nichts schmeckt, dann schmeckt das, was man dazu isst, umso intensiver, also besser. Genau deshalb war diese zuckerfreie Waffel genau das, was ein professioneller Eisgenießer wie ich gemocht hatte.

Manchmal ist das Einfachere eben doch das Bessere. An diesen Gedanken werden wir uns vielleicht ohnehin gewöhnen müssen. Sogar in der Form als flache Schale war die Altwaffel den heutigen Kreationen voraus, tropfte doch das Eis nicht so schnell herunter und konnte zudem gut gedeckelt werden.

Das sah dann aus wie eine interessante Mischung aus UFO, Muschel und Sonne. Auch deshalb fordere ich: Die DDR-Eiswaffel muss zurück! Mit dieser alten Pappe (nicht zu verwechseln mit dem ebenso bezeichneten Trabi), die auch nicht so blöd krümelte, könnte ich sogar auf die neumodernen Sorten wie Stratiatella oder Mango-Kiwi-Buttermilch verzichten. Und bliebe bei den Klassikern…

Das Zahnputzbecherspiel und die „Herr-Köster-Geschichte“

Wem das jetzt zu unappetitlich ist, der bedenke: Wir waren Kinder. Mein Bruder René und ich spielten immer ein seltsames Spiel: Wir saßen uns beim samstäglichen Bad in der Badewanne gegenüber und zutschten zunächst unsere vollgesogenen Waschlappen mit dem Munde aus. Das sich im Munde befindliche Badewasser (noch vor dem Waschen!, jedenfalls meistens...) wurde dann jeweils in den eigenen Zahnputzbecher befördert. Erstens hatte gewonnen, wer mit einem einzigen Auszutschen mehr in den Becher brachte. Jetzt wurden die Becher beide gleich halb gefüllt. Zweitens hatte dann schließlich derjenige verloren, der nach immer kleiner werdenden Mengen Wasser, die in den Becher gespien wurden, dessen solcher zuerst unterging. Ein war ein herrliches Wasserspiel.
Abends dann im Bett gab es die tägliche Gute-Nacht-Geschichte vom Vater. Er begann jedes Mal mit „Die Geschichte von Herrn Köster“. Und wir brüllten jedes Mal im Chor: „Oh nein, nicht schon wieder!“ Herr Köster war der Pareyer Sägewerksbesitzer. Die Story ging so: „Es war einmal ein Mann. Der ging zu Herrn Köster. „Guten Tag, Herr Köster.“ „Guten Tag.“ „Ich möchte bitte zwei Bretter und eine Leiste.“ „Ja gern, hier bitte.“ „Vielen Dank.“ „Auf Wiedersehen.“ „Auf Wiedersehen“. Am nächsten Abend sagte unser Vater auf unseren Protest angesichts der zu erwartenden Wiederholung: „Diesmal ist die Geschichte gaaanz anders.“ In der Geschichte waren es dann drei Bretter und zwei Leisten. Am nächsten Tage zwei Bohlen und vier Bretter. Am nächsten Tage ein Brett und ein Balken. Usw. usf. Gibt es eine spannendere Geschichte?!

34. Herzklopfen in Farmers Branch / Texas

Als Pressesprecher der Stadt Schönebeck (Elbe), der ich 23 Jahre lang sein durfte, war ich unter anderem auch für die Pflege unserer Städtepartnerschaften zuständig. Dies wiederum hatte zur Folge, dass ich in den Genuss mehrerer dienstlicher Auslandsreisen kam, so mehrfach nach Pardubice nordöstlich von Prag in Tschechien, ins westanatolische Söke unweit der Ägäis südlich Izmir und Efesos in der Türkei sowie in die texanische Stadt Farmers Branch im Norden von Dallas. Von Texas (Magdeburg-Nordwest) nach Texas (USA) ging es also.

In F.B., wie sie dort sagen, lernte ich 2005 meine Gasteltern Charles und Joni Walpole kennen, ein bürgerliches Paar mit eigenem Haus und kleinem Garten. Er hatte als Jurist, sie als Mitarbeiterin eines Matratzenhandels gearbeitet, beide waren schon im Ruhestand. Sie liebten die Vogelwelt, besonders die Kolibris, die ich in ihrem Garten bewundern durfte. Ich wurde ohnehin sehr herzlich aufgenommen, wir verstanden uns von Anfang an prächtig. Matratzenprofis und ein fülliger weißer Texaner, der Kingsizebetten bevorzugte – da kann man sich vorstellen, wie gut ich gebettet war.

Es sollte sich später eine echte Freundschaft zwischen uns herausbilden. Wir mochten uns und redeten über Gott und die Welt. Und, man glaubt es als Europäer kaum, die beiden kochten wunderbar, zum Beispiel köstliches Rinderfilet mit Butterbohnen. Trotz oder sogar wegen unterschiedlicher Meinungen – so war er gebildeter (!) Trumpwähler und ich eher linksliberal geprägt - gab es interessante Gespräche, die später in einen äußerst regen Mailwechsel mündeten.

Inzwischen waren Charles und Joni auch zweimal bei uns in Magdeburg, lernten dazu noch meine Eltern in Parey kennen, wo wir erstklassig bei Ella (Peter Ott) speisten. Außerdem unternahmen wir Reisen nach Bad Frankenhausen ins beschriebene Bauernkriegspanorama von Tübke und in den Harz, als uns – welch toller Zufall – in der Brockenbahn eine Jazzband begleitete, die die beiden natürlich begeisterte. Hinzu kam: Joni kam ursprünglich aus Louisiana und ihr war der New Orleans Jazz von Kindesbeinen an ans Herz gewachsen.
Als es im Oktober 2015 zu einem Jubiläum das zweite Mal mit

den Schönebeckern in die USA ging, hatte man mich als Delegationsleiter auserkoren, da kein höherrangiger Verwaltungsmensch – etwa der Oberbürgermeister – an der Reise teilnahm. Das sollte jedoch eine gewisse Herausforderung mit sich bringen, denn man bat mich in F.B. sogleich, von heute auf morgen, eine Rede beim Festakt vor Mayor Phelps, dem Stadtparlament sowie allen texanischen Gasteltern der Deutschen zu halten.

Da musste ich zunächst einmal tief durchatmen. Denn ich muss sie ja erstmal zu Papier bringen, englischsprachig natürlich. Am selben Abend ließ mich Charles an seinen PC, stellte mir einen Whiskey „on the rocks" hin und machte die Tür zu, dass ich Ruhe hatte. So legte ich los und ließ ihn später nochmal drüberschauen wegen der Grammatik. Auch ein eigenes Gedicht, welches unsere Städtefreundschaft zum Thema hatte, konnte ich noch texten und in die Rede einbauen. Am nächsten Tag hatte ich natürlich Herzklopfen, als ich mit Schlips und Kragen ans Mikrofon in der Town Hall neben die US-Flagge „Stars and Stripes" trat und meine Rede vortrug. Alles ging Gott sei Dank gut, die Rede bekam viel Beifall, und Charles und Joni in der letzten Bankreihe sah man an, dass sie durchaus ein wenig stolz waren. Später erhielten wir alle dann die Ehrenbürgerschaft von Farmers Branch mit entsprechender Urkunde überreicht. Das war schon ein merkwürdiges Gefühl als ehemaliger DDR-Bürger. Das Leben schlägt manchmal seltsame Haken.

Zuvor im Jahre 2013 war ich übrigens mit Beate auch privat in den USA. Wir landeten in Chicago, wo mich der Eiswind des Michigansees regelrecht zu Boden warf und eine elende Erkältung eintrug. Später ging es dann trotzdem mit Amtrak nach Memphis (Tennessee), wo uns Charles und Joni empfingen und zu einer kleinen Autotour auf dem Delta-Blues-Trail des Mississippi bis nach Arkansas einluden.

Es begann spektakulär am großen Fluss mit seinen Raddampfern in Memphis, dem dortigen Stax Soul Museum und einem Besuch der legendären Sun Studios, wo Elvis Presley, Johnny Cash und viele andere ihre ersten Songs einspielten. Wir standen an denselben Mikros vor den gepolsterten Wänden wie einst die Superstars. Später flogen wir dann von Little Rock über Denver (Colorado) mit seinem erstklassigen Flughafen nach San Franscisco, wo der Westen zu oder am Ende ist, wie man will.

Dort besuchten wir nicht nur Hans-Henning, der damals im Silicon Valley arbeitete, sondern schritten auch auf der Golden Gate entlang, besichtigten die alte Gefängnisinsel Alcatraz von Al Capone, die Blumeninsel „Angel Island“, die schlangenartige Lombard Street und – wie verrückt – eine Kunstausstellung mit dem geliehenen Originalgemälde „Mädchen mit Perlenohrring“ von Jan Vermeer. Atemberaubender geht nicht.

35. Essay: Der Mercedesstern auf dem Kanzleramt

Sponsoring sowie Groß- und öffentlichkeitswirksame TV-Spenden von Unternehmen genießen in dieser Gesellschaft ein hohes Ansehen. Tue Gutes und rede darüber? Das klingt einleuchtend. Aber der Schein trügt. Ich möchte das jeden Tag hinausposaunte Gesellschaftsideal hinterfragen, möchte ihm widersprechen. Ich sage also: Tue Gutes und schweige darüber. Warum?

Weil Gutes oftmals nur in der Erwartung oder Absicht, es honoriert zu bekommen, getan wird. Ist es dann wirklich „gut" im Sinne von Güte? Es wird doch honoriert durch Beifall, durch Schildchen, auf Plakaten oder als Stadionname, durch Zeitungsartikel, öffentliches Lob und die dankbare öffentliche Nennung des Gütigen und noch viel mehr. Im großen Stil gibt es offene Verträge, wo alles ausgehandelt wird. Ein Geben und Nehmen? Ja, aber!

Das ach so „Gute", was für die Geber oft nur die berühmten Peanuts sind, macht sich zum Beispiel als indirekte Werbung doppelt und dreifach bezahlt. Eiskalt kalkuliert. Keine Anzeige ist soviel wert wie öffentliches Lob. Man kann davon ausgehen, dass innere Güte so gut wie niemals das eigentliche Motiv für die äußere Freigiebigkeit ist. Damit meine ich nicht die vielen anonymen Kleinspender für gute Zwecke, die von ihrem Wenigen noch etwas abgeben. Das sind sehr gute Taten, zweifellos.

Ich sage: Nur wer etwas Gutes tut und es nicht an die große Glocke hängt, kann mit sich im Reinen sein. Der pädagogische Effekt? Man kann ihn vergessen, wenn man ihn braucht, um gut zu sein. Im privaten Leben, etwa mit Kindern, mag dies noch funktionieren. Als Ideentransfer, etwas Gutes zu tun. Aber in der Wirtschaft, in der Politik?

Auch Subventionen und Fördermittel gerieren sich ähnlich wie eitles Sponsoring oder ach so gnädiges Großspendentum - in Wahrheit Peanuts - von Milliardären und Unternehmern: Kommunalpolitiker und andere Honoratioren des öffentlichen Lebens danken verständlicherweise für die Gaben, oder sollte man sagen, für die abgenagten odysseusschen Knochen, die ihnen Großpolitiker oder Unternehmer medienwirksam für kulturelle, soziale, städtebauliche, bildungspolitische oder sportliche Zwecke überreichen. Was die Politik an sich angeht, tun die Ministerpräsidenten, Minister und Staatssekretäre verlässlich so, als sei es ihr eigenes Verdienst, ihre Großzügigkeit, wenn sie vor Kameras und Zeitungsredakteuren mit Händeschütteln Förderbescheide an Kommunen, Vereine oder Einrichtungen übergeben. Dabei übergeben sie dort das viele Geld genau an jene, die es ihnen vorher gegeben haben: an die Bürgerinnen und Bürger mit ihren bereits gezahlten Steuergeldern. Kann es eigentlich noch verlogener zugehen? Tue Gutes und schweige darüber!

Diese Leute tun vermeintlich Gutes, UM darüber zu reden. Der Spruch müsste also ehrlicherweise lauten: „Tue Gutes, weil Du darüber reden kannst." Oder andere darüber reden lassen kannst. Man muss wissen: Unternehmer handeln niemals uneigennützig, sondern sie verdecken mit goldenen Schildern und Schecks, mit oberkieferbleckendem Grinsen geradezu die Gegenstände, in Kunst und Kultur, schlimmer noch, die Menschen in sozialen Brennpunkten, um die es sich ja eigentlich drehen sollte.

Haben Bosse, Lobbyisten und ihre politischen Handlanger vielleicht doch gute Absichten, wenn sie so nach dem Motto handeln „das Nützliche mit dem Guten verbinden"? Nein. Denn sie kaufen grundsätzlich irgendetwas, wenn sie Geld geben, und sie würden dieses Geld niemals ohne Gegenleistung geben. Das ist Kaufleuten so eigen. Im Laufrad des Kapitalismus üblich und verständlich. Aber unter der Überschrift „Gutes tun"? Es ist ein Paradoxon: Wenn eine Hand die andere wäscht, werden beide schmutziger. Moralische Kategorien auf dem Teppichmarkt verscherbelt.

Wie wäre es, wenn man Gutes täte und schwiege. Rar gewordene, anonyme Spender machen es wahr. Vielleicht aus unterschiedlichen Motiven heraus, aber manche vielleicht eben doch aus innerem Anstand. Gutes zu tun in der Gewissheit, es in keiner Weise und niemals honoriert zu bekommen, ist Edelmut. Aber Edelmut ist der Elite dieses Landes abhanden gekommen. Unternehmern, Bänkern, Politikern, Lobbyisten, Chefredakteuren und Verlegern.

Nun profitiere ja die Gesellschaft von dieser Elite, deshalb verdiene sie auch zurecht so viel, heißt es. Dem ist entgegenzuhalten: Da die §§ 331 ff. StGB auch Vorteile umfassen, die Dritten gewährt werden, kann auch das Sponsoring oder die Spendengewährung wie etwa auch bei Spenden an öffentliche Körperschaften oder Parteien ein Einfallstor für Korruption darstellen. Sie erfüllen dann den

Tatbestand der Vorteilsgewährung im Sinne der genannten Paragrafen. So zitiert zumindest Wikipedia das Strafgesetzbuch. Sieh an.
Die unappetitlichste, aber auch unverhohlenste Variante des beschriebenen Deals zwischen Wirtschaft und Politik bzw. dem Vereinswesen wird auf dem Felde des Sports durchgespielt. Die Bandenwerbung in den Stadien hat mitunter einen schönen Doppelsinn. Was früher einmal ein Sportplatz war, ist heute die Allianz-Arena. Man fragt sich, ob da auf dem Rasen unter dem Jubel der Massen Versicherungsverträge abgeschlossen werden. Nein. Es ist die unheilige Allianz zwischen Versicherungen, Sport und Politk, die so etwas möglich macht. Ein kryptisches MDCC als Name für ein Fußballstadion? Weniger sensibel und charismatisch geht es kaum. Das stiftet keine Identität. Wie wäre es mit Elbestadion, Sparwasser-Stadion, Cracauer Schüssel?
Am perfidesten ist jedoch der Fall, bei welchem ein Konzern offen den Staat gekauft hat. Unsere Fußball-Nationalmannschaft trägt Trikots mit privatwirtschaftlicher Werbung – dem Mercedesstern. Sie kickt für den Konzern und ganz nebenbei – ach ja – auch noch für das Land. Das Sternsymbol überlagert die Nationalfarben. Und kein Sozi, keine Grünen verbieten das. Unser Sport und unser Land haben sich verraten und verkauft, an einen Autobauer. Und die Politiker auf den Ehrentribünen (Schröder, Merkel) klatschen auch noch Beifall.
Offener wurde kaum je zugestanden, wer in diesem Lande die wirkliche Macht hat und welche abgefeimten Verquickungen damit einher gehen. Es ist ein Unterschied, ob Profifußballer eines Vereins wie Litfasssäulen über den Platz rollen, oder ob sich ein Staat, ein Land, eine ganze Nation dermaßen erniedrigt, sich zum offiziellen Marktschreier, zum elenden Megaphon für einen Konzern zu machen. Hat ein TV-Moderator den Mut, das nächste Spiel „Mercedes gegen England“ anzukündigen? Dem öffentlich-rechtlichen Rundfunk ist eine solche Courage ohnehin längst nicht mehr zuzutrauen. Dem privaten ebenso nicht.
Man sagt, einem geschenkten Gaul schaut man nicht ins Maul. Was aber ist, wenn der Gaul gar nicht wirklich geschenkt ist, sondern man sich abhängig vom Schenkenden macht und damit auch noch prahlt? Wenn das blindwütige „laut, schnell und mehr“ das nachdenkliche „leise, langsam, weniger“ vereinnahmt? Sponsoring ist die Schmiere, die als Sahne daherkommt. Was ist, wenn das alles längst Staatsräson ist?

Dann muss die Frage erlaubt sein: Warum montieren wir nicht gleich einen riesigen, sich wie ein großer Bruder gemächlich herumdrehenden Mercedes-Stern auf das Kanzleramt? Dann endlich wird es überall zu lesen sein: Wir leben nicht mehr in Deutschland, sondern in Mercedesland, unsere einzelnen Bundesländer heißen Commerzbankland, Deutsche-Bank-Land, Allianzland. Wollen wir das?

36. Essay: Keine Hinkunft ohne Herkunft – der Heimatbegriff

Was ist Heimat? Ohne jede Bange vor rechtslastigen Vereinnahmungen oder linkspopulistischem Ekel hat dieser Begriff Heimat für mich Reiz und Bedeutung. Ganz ohne Hurrapatriotismus oder Altbackenheit, ganz ohne Verklärungshang oder Geschichtsklitterung. Das Wort Heimat hat zunächst einmal überhaupt keinen schlechten Klang. Denn mit dem Wortstamm Heim ist kein Erziehungs- oder Obdachlosenheim gemeint, sondern schlichtweg ein selbstidentifizierendes Zuhause. Wo man herkommt, wo man sich oftmals auch geborgen fühlte. Wo man das Leben gelernt hat. Mit Höhen und Tiefen.

Dieses imaginäre oder tatsächliche innere oder äußere „Zuhause“ - diese Heimat – kann sich auf einen, auf mehrere oder auf gar keinen konkreten Ort beziehen. In der Regel ist Heimat aber der Ort des Aufwachsens, der Ort der Kindheit und der Jugend. So ist es in den meisten Fällen.

Heimat kann also neben der Familie vor allem ein Dorf, eine Stadt bzw. ein Kiez, aber darüber hinaus das ganze regionale Umfeld sein. Für manche in besonderen Situationen sogar ein ganzes Land. Wenn jemand in Afghanistan Soldat war, wird er die Landung im von Ückermünde fernen Frankfurt am Main las Ankunft in der Heimat empfinden. Selbst das Überfliegen von Polen wird ihm ein warmes Gefühl bereitet haben. Dann später im eigenen Vaterland wird seine Muttersprache gesprochen werden. Hier ist er zu Hause. Jeder stieselige Busfahrer wird seine Nachsicht erfahren, bisweilen ein inneres Lächeln.

Mit der Heimat verbinden sich meistens, wenn auch in Ergänzung mancher Verdrießlichkeiten, zunächst zahlreiche positive Erfahrungen: Liebe, Freundschaft, Geborgenheit und Behütung, Fürsorge, soziale Einbindung und Nähe. Ein soziologisch mächtiges Fundament für später. Erinnerungen an die Verblüffungs- und Ideenkraft der Kindheit und Jugend, an ungezählte erste Erkenntnisse des Lebens. Wenn das, was uns prägte, unter dem Strich weniger Verbitterung als vielmehr Lächeln und Dankbarkeit hervorruft, dann ist das Heimatgefühl ein gesundes Lebensgefühl.

Die Erinnerung an und die Wiedererkennbarkeit von Erfahrungen, von Szenen, Örtlichkeiten und prägenden Charakteren als auch fortwährend warmes und fassbares,

geistiges Rückzugsgelände gibt uns Halt und Rückendeckung, Selbstbewusstsein und Kraft. Denn man kann sich auf all das berufen, es abrufen, es vorzeigen. Es ist ein Zeugnis, welches nicht die Schule, sondern das Leben schrieb. Und manchmal ist dann trotzdem eine Lehrerin dabei, die man nie wieder vergisst und die einem verdammt viel mit auf den Weg gegeben hat. Ist das keine Heimat?
Fräulein Dr. Dr. Stiebens an der EOS Genthin, die ich schon in meinen Ausführungen zum Thema „Kunst“ erwähnte, war eine solche Lehrerin. Diese wunderbare alte Jungfer mit Dutt, Hakennase und spitzem Kinn, vor der sich alle fürchteten. Wenn ihr Zeigefinger im Klassenbuch hoch- und hinunterglitt, war Mucksmäuschenstille. Wen würde sie sogleich an die Tafel bitten? Sie ließ sich sehr viel Zeit dabei, es herrschte hervorragende Disziplin. Und wenn sie dann schließlich hinter der Ansage „Hans...“ eine elend lange Pause machte, bekamen Hans-Joachim und Hans-Peter einen feuchten Haaransatz. Als sie dann mit einem sonoren „...Joachim“ weitermachte, hörte man bei dem anderen Hans die gewissen Steine vom Herzen purzeln. Aber diesem Muttchen, wie wir sie nannten, sind die meisten noch heute dankbar, denn sie hatte uns etwas beigebracht.
Bei einer Klassenfahrt bestellten wir ihr dann einmal in schwerer Rache und erwarteter Schadenfreude einen halben Liter Bier, bevor sie sogleich das Restaurant betreten sollte. Doch schon wieder verblüffte sie uns. Sie setzte das Glas mit einem tiefen Zug an und stellte fest: „Tja, Kirs (Kinders...), wer in München und Wien studiert hat, der verträgt schon a Maß!“ Spätestens diese fulminante Äußerung hat uns alle von dieser Frau überzeugt. Viele von uns werden sie wohl nie vergessen. Auch das ist ein Stück Heimat.
Aber was macht Heimat aus? Darunter versteht wohl jeder etwas anderes. Für den einen ist es die Vogelfreiheit, für den anderen – wie mich - die Herkunft. Wer nicht mehr dort lebt, wo er aufwuchs, der hat vielleicht zumindest noch ein heiter-melancholisches Lächeln auf den Lippen, wenn er an das Gestern denkt. An jenen nicht nur geografischen, sondern auch menschlichen Raum, der ihn geprägt hat, der ihn zu dem gemacht hat, der er heute ist. Oder sie. Es ist das Stück Leben, welches starke, ursprüngliche Bindungen, Bildungen und Gefühle hinterließ. Prägungen.

Heimat, das sind unsere Wurzeln. Keine Hinkunft ohne Herkunft.

Nichts war spannender und einprägsamer als dieses Aufwachsen. Alles war neu, alle Vorhänge der Welt wurden erstmals gezogen, das Leben hatte Premiere. Die wirklichen Wermuts- und Wehmutstropfen kamen später. Deshalb spitzte Oscar Wilde diese fremde Welt da draußen wohl auch sarkastisch mit den Worten zu: „Die Welt ist eine Bühne, nur das Stück ist schlecht besetzt“. Diese augenzwinkernde Misanthropie ist in Zeiten politisch korrekter Menschenliebe, blinder Umarmungszeremonien und identitärer Beliebigkeit eine wohltuende, köstliche Reminiszenz.
Wir haben gelernt, den Alltag des manchmal Bösen gelassen, resistent oder auch abgestumpft abtropfen zu lassen. Ihm dennoch ein Quäntchen Wahres, Gutes und Schönes abzugewinnen. Abzutrotzen. Das Leben als hinzunehmende Sinuskurve. Denn die Schöpfung, ja, hat nun einmal die große Dualität von allem und jedem generiert, unentrinnbar, omnipotent: Ordnung und Chaos, Gut und Böse, Krieg und Frieden, Frau und Mann, Liebe und Hass, hell und dunkel, Stumpfheit und Fantasie, Nähe und Ferne und damit eben auch: Heimat und Heimatlosigkeit.
Schweifen wir also zurück. Die Heimat waren für mich zunächst einmal meine Eltern und neben ihrer Liebe, mag sie auch mitunter zweifelhaft zum Ausdruck gekommen sein, ein mit ureigenem Humor gewürzter Erfahrungs- und Bildungsschatz, den ich nicht mehr missen möchte. Meine Mutter mit ihrer nie versiegenden Herzblutquelle und ihrer charmanten Wiener Herkunft ebenso wie mein Vater. Diesem Mann, der einfach schier alles konnte. Häuser und Stadt- und Werkhallen und Hochspannungsmasten und Brücken entwerfen. Dazu Landschaftsgestaltung, Musik, Kunst, Sprache und Literatur. Bitte sehe der Leserkreis mir nach, dass ich mich an dieser Stelle etwas wiederhole. Dazu kam mein herzerfrischender, der Gerechtigkeit bis ins Knochenmark verpflichteter Bruder mit seinen romantauglichen Verfehlungen und Inspirationen, meine skurrilen Jugendfreunde mit ihrem Beatles- und Stones-Nachhall und schließlich – na sagen wir, der Anblick der Trauerweide und der Weymoutskiefer vor unserem Haus.
Heimat war der uralte, herzensgute Mann namens „Herr Henkel“, der mir immer ein Bonbon aus seiner angejahrten Joppe zusteckte. Oder die Frau Schmidt von nebenan, die auch

an der Kasse unseres Provinzkinos saß und mir in den 60er Jahren Karten für den neuesten DEFA-Indianerfilm (Die Söhne der großen Bärin) oder den nächsten Mantel- und Degenfilm mit Gerard Phillipe zurücklegte. Eine Dorf-Lichtspiele, wo gelegentlich Stuhllehnen durch die Sitzreihen flogen oder im Winter Schneemannkugeln entlang dieser gerollt wurden.
Nun denn, dies zu meinen Heimatbeispielen. Wer behauptet, das alles habe so oder so doch jedermann und überall vorzuweisen, der hat zwar oberflächlich betrachtet recht. Aber er unterschlägt, dass dieses ganz Persönliche eben unsere Identität ein wesentliches Stück ausmacht. Jeder Mensch hat etwas nur wenig, aber trotzdem entscheidend Anderes. Das Brot der Bäckerin damals roch niemals wieder so irre und einzigartig gut im späteren Leben. Die Stimme des Russen, der uns 1961 im Zerbener Wald bröckelige Schokolade von seinem Panzer aus zuwarf, verklingt nie. Das Lagerfeuer am Badesee, um das man „Hotschi-kaka-hooh" tanzte, und nicht zuletzt die ersten, unerfüllten Verliebtheiten, die zahl- und schlaflose Nächte bereiteten und Gegenstand von Trostgesprächen mit dem Bruder waren: Das alles macht eben auch Heimat aus – zumindest im engeren Sinne.
Heimat war prägende soziale Bindung, Kernerfahrung, die wunderbare Landschaft und ein Lebensumfeld mit ungezählten erdigen, in keiner Wochenendbeilage zu schildernden Erlebnissen. Erlebnisse und Geschichten in den ersten 20 Lebensjahren, welche so nicht wiederholbar sind. Denn alles, was folgte, sei es noch so drastisch, war von einer gewissen Abgeklärtheit begleitet, war nur ein weiterer Aufguss, dem die Unbedarftheit und Unbefangenheit von Kindheit und Jugend abhanden gekommen war. Genau deshalb ist Jugendlichkeit wohl die Fähigkeit, verblüffen und sich verblüffen lassen zu können.
Später kamen dann nur noch schnöde, wenn auch notwendige Qualitäten wie Verantwortung, Leistung, Disziplin, Familiensinn und Gesellschaftsfähigkeit. Zum Teufel damit, möchte man flüstern, wissend, dass das Unsinn ist. Aber dennoch darf man an dieser Stelle wehmütig ausrufen: Es lebe die Revolte, das Verrückte, das Unangepasste, das Radikale! Jede Woche jazzen sie die vermeintlichen Tugenden von Freiheit, Rechtsstaat und Demokratie zu einer Tünche hoch, hinter der es fault. Seit langem stinkt. Der Laden soll auf Teufel komm raus am Laufen gehalten werden.

Wichtig: Das Funktionieren, das Bravsein, das wählen Gehen. Wissend, dass die größte Partei kleiner ist als die Nichtwähler und die Kleinpartei FPD mit gut 5 Prozent soviel Macht bekommt, eine ganze Regierung zu blockiewren und zu erpressen. Wehe dem, der gegen diesen Codex Corruptioni anstinkt. Zugegeben, das hatten wir an anderer Stelle schon. Man hat jedenfalls den Eindruck, dass die Leute ab 30 ihre Jugendlichkeit an der Garderobe abgeben. Sie vergessen damit auch ihr Heimatgefühl ein wenig. Bis sie vielleicht 55 sind. Oder für immer. Auch der Autor, zugegeben, gehörte lange zu dieser müden, satten Generation. Gehört er immer noch dazu?
Im Deutschaufsatz werden langweilige Wiederholungen vom Lehrer mit einem A als Ausdrucksfehler bemängelt. Das Leben aber machen sie aus. Man redet sie sich nach Kräften schön. Wenn heute Leute im mittleren Alter nach Ausflügen in die Welt stolz von einem ungebundenen Heimatbegriff reden, dann ist dieses Abenteurertum zwar nachvollziehbar, aber im Grunde doch eher armselig, denn der humboldtsche Geist war jeweils wohl nur selten an Bord. Baden und Relaxen war es wohl eher. Schicke Fincas als Zweitwohnungen haben die alte Bagwan-Kommune in Indien abgelöst.
Heimat im engeren Sinne hat als Begriff seine Berechtigung, wollte ich bisher geschildert haben. Im weiteren Sinne ist Heimat trotz alledem die ganze Erde, in der wir eben auch zu Hause sind. Heimat ist die Erde des Ackers der Kindheit wie die Erde insgesamt. Alles zwischen der engen und der weiten Heimat ist schnöde Politik. Durch Raub, Kriege zusammengeraffte Gebiete. Durch abgekartete Verträge, kriminelle Umstände, schmierige Käufe oder eben Diebstahl zusammengeklaubter Reichtum, der sich in Zickzacklinien äußert, die man heute Staats-, Länder- oder Kreisgrenzen nennt. Sicher, Status Quo und Völkerrecht, okay. Aber Heimat ist und bleibt nur die Krume des Aufwachsens und die Erde insgesamt, denn nicht umsonst sprechen wir von unserem Heimatplaneten. Es ist ein Funke der Schöpfung, das Kleine im Großen geschaffen zu haben, als solches auch zu achten und wertzuschätzen. Überschaubar und unendlich groß. Im doppelten Sinne groß. Großartig. Alles dazwischen markiert Verklärungen, oder unlautere Absichten.
Ich gebe freimütig zu, ebenfalls sehr gern zu reisen, was ja auch in diesem Büchlein deutlich wird. Es ist vielleicht die Suche nach dieser Erde insgesamt, deren Horizont man abschreiten möchte. Eine Ausrede? Vielleicht. Aber ich denke, Wissensdurst und

Völkerfreundschaft sind keine Widersprüche zum Schuster, der bei seinem Leisten bleiben soll. Wer seinen Nächsten achtet und respektiert, tut das zugleich mit der gesamten Menschheit. Sonst ist es verlogen. Bauchnabeldenken. Die Politik denkt in jenen kleinen Kästchen und Karos, die sie vorfindet und die ihr von der Wirtschaft hinter die Ohren geschrieben werden. Größere Schuhe laufen sich schlecht. Da fällt man heraus. Sie sind überfordernd. Das ist menschlich. Aber es ist zu wenig, diese Heimat Erde zu retten. Und damit auch die milliardenfachen kleineren Heimaten. Man kann eine starke Bindung zu seinem Dorf, Kiez, zu seiner Stammkultur, zu seiner Sprache haben, ohne die Bindung zum großen Ganzen aus dem Auge zu verlieren. Davon bin ich überzeugt.
Die unterschiedlichen Farbtöne und Formen sollten dabei allerdings sehr wohl erhalten bleiben, sonst riecht und schmeckt eines Tages alles gleich, versinkt alles im Einheitsschlammgrau, in das die Farben der Völker einst einbgeflossen waren. Rührt man lange genug, geht jede Nuance, jede Einzelfarbe, jede Schönheit und Interessantheit verloren. Die Moulinex-Bowl ist ein falscher Ansatz. In Freundschaft nebeneinander und miteinander, aber niemals in eine Einheitsknete verbacken. Die Bowl will einfach nicht grau werden, will bunt bleiben. Rühren wir also nicht zu sehr! Nimmt man nur unsere Sprache als ehemaliges Kulturgut – wie verwässert, verheert ist sie schon? Wie grau ist sie schon? Die eigene Sprache ist ein Schatz, der nicht geplündert oder mit Blech entwertet werden darf. Sie will gepflegt werden! Nicht zuletzt um des Begriffes Heimat willen. Nicht nur deshalb ist es ein schöner Gedanke, so wie Prof. Ulrike Guerot es postulierte, eine Welt der Regionen zu schaffen. Die miteinander in Frieden lebt, eine Einheit in Vielfalt bildet, die keine gegenseitigen territorialen Ansprüche stellt, die sich zwar gegenseitig befruchtet, aber doch die eigenen Charaktere und kulturellen Identitäten bewahrt, schützt und pflegt. Ist das ein illusionäres Ideal? Vielleicht ist es trotz allem sinnvoll, die eigene Sprache, Kunst, Geschichte, Tradition mit allem taghellen Auf und nachtdunklen Ab nicht anzubeten, aber kritisch zu bewahren und fortzuentwickeln.
Wer die eigenen Kinder nicht liebt, kann keinen fremden Kindern helfen. Wer seine eigene Region, engere Heimat nicht liebt, kann keine unbelastete beziehung zu Nachbarn aufbauen. Diese gewisse Selbstbezogenheit, dieses Selbstbewusstsein mit der Ferne zu jedem Stolz und die damit gewonnene innere

Stärke kann jene äußere Stärke generieren, die leise, friedlich, anständig daherkommt. Wer schwach ist, kann anderen nicht helfen. Wir brauchen die unmittelbare Heimat, um die ganz große erhalten zu können.

Ich wiederhole: Heimat ist Muttererde und die Mutter Erde zugleich.

37. Treibgut 5307194

Ich bin ein Elbemensch. Die Elbe ist mein Fluss. Ich bin – wie beschrieben - in Parey an der Elbe aufgewachsen, habe den größten Teil meines Lebens in Magdeburg an der Elbe verbracht und 23 Jahre lang in Schönebeck (Elbe) gearbeitet. Der große Fluss, der immer da und immer auch gleichzeitig wieder weg ist, hat mich zeitlebens begleitet. Er kommt und geht wie das Leben. Er trägt Schiffe und Menschen. Und Treibgut, auch Schwemmgut genannt, und manchmal spült die kleine, eher plätschernde Brandung solches an die Ufer. Das ist nicht immer nur Unrat, oft ist es eben interessant, artefaktisch, spannend. Man kann es aufheben – und aufheben...

Im Laufe der Jahre bin ich die Elbekilometer meiner Heimat abgewandert. Schönebeck mit der Salzblume von Anders Nyborg und Ranies mit seinen alten Eichen in den Auen. Magdeburg mit seinen wunderschönen Brücken und Parks sowie der Kreuzhorst, wo der Pirol singt. Lostau, Hohenwarte mit der einzigartigen Trogbrücke und Niegripp mit seinen Seen. Das einsame Blumenthal, Parchau und Ihleburg. Zerben mit der charismatischen Elisabeth von Ardenne (geb. von Ploto), die Theodor Fontane zu seiner Effi Briest machte. (Neu-)Derben und Ferchland mit seinen sehenswerten Steilufern. Und dem Saloon.

Schließlich Klietznick und Jerichow mit dem großartigen Kloster der Backsteingotik, an dessen Mauern man heute großen Jazz wie von Nils Landgren oder Till Brönner hören kann. Schließlich Fischbeck mit seinem wunderbaren Blick auf Tangermünde. In Fischbeck hatte man beim großen Hochwasser 2013 ein ganzes Binnenschiff kurzerhand als Flutschutz in einen gebrochenen Deich gelegt, Tja, und Tangermünde selbst, der in meinen Augen wohl mit Abstand schönsten Stadt im Umkreis von 100 Kilometern, die ihrer zu Unrecht als Hexe verbrannten Grete Minde ein würdiges Denkmal setzte. Auch sie hat Theodor Fontane – unser Dichter – verewigt. Ranies bis Tangermünde, das sind rund 80 Elbekilometer, vom EK 308 bis 388.

Der für mich wesentlichste Abschnitt waren natürlich die Elbekilometer etwa 368 bis 372 – also der Pareyer Bereich. Nur wenige Kilometer flussaufwärts, bei Sandfurth, hatte ich in meiner NVA-Armeezeit vom jenseitigen Ufer aus die unvergessene Wasserfahrt über und durch die Elbe: Allein als Fahrer eines Schützenpanzerwagens SP2, genannt das Eisenschwein. Alle Stahlklappen der Fenster runter, alles dicht gemacht, Wellenbrecher ausgefahren und Schiffsschraube aktiviert, das russische Fahrzeug mit schwerem MG oben drauf halb unter Wasser. Im vollen Schutzanzug mit Maske. Sicht nur „ahnend" über ein paar Zentimeter große Winkelspiegel. Alle Scheibchen beschlagen.

Einmal hinüber, einmal herüber zurück. Rotz und Wasser. Alles schließlich überlebt. Und danach den Blick aus der Ferne zum Pareyer Wasserturm, meinem Zuhause, das unerreichbare. Wir lagen bei Kehnert im Walde, man spannte eine Leinwand und zeigte uns als Entschädigung einen Manfred-Krug-Film, da war er gerade noch in der DDR, bevor er dann „rüber ging". Heimlich waren wir vorher zu später Stunde über den Acker in die Dorfkneipe gestolpert und hatten ein paar Bier besorgt. Das ganze Szenario blieb haften, und es waren schon merkwürdige Gefühle, als ich rund 45 Jahre später mit meinem Sohn Max diesen ominösen Elbkilometer erwanderte. Er hat sich die Reize der Elbe inzwischen auch erschlossen.

Unser Dorf Parey ist beinahe von Wasser umschlossen, rechtsseitig der Elbe-Havel-Kanal, linksseitig die Elbe und dazwischen die kurze Kanalverbindung zwischen beiden, die eine Brücke quert, welche zum Saloon führt, ein jährliches, feucht-fröhliches Fahrradtourziel zu Christi Himmelfahrt. An der Nahtstelle zur Elbe gibt es eine Zweikammerschleuse, an der meine Mutter als Dispatcherin arbeitete. Stichwort Tschechenbier. Hier an der ehemaligen Schifferkneipe führt eine Fußgängerbrücke eben zu jenen bereits beschriebenen „Baggaseen" und zum Elbdeich mit seinen Blicken in die Weite, die schon einmal vom Seeadler gekreuzt werden können.

Vielleicht ist Parey ja der Ort mit den deutschlandweit meisten Technischen Denkmalen, zumindest pro Einwohner. Denn neben der Schleuse, bis zu der früher auch die Weiße Flotte aus Magdeburg fuhr, gibt es noch eine, wenn auch ruinöse, Ziegelei mit einem gewaltigen Ringofen; eine wiederaufgebaute und intakte Paltrockwindmühle, in deren Brand sich der Müller und gleichzeitige Bäcker gleich mit hineinstürzen wollte; und dann ist da noch die wahrscheinlich einzige Kabelkrananlage aus Holz in Europa, eine Helling des alten Sägewerkes, für deren Erhalt mein Vater sich bleibende Verdienste erwarb.

Das Elbewandern indessen pflege ich seit vielen Jahren. Da ich ein ausgemachter Sammler bin, bringe ich nicht selten kleine Fundstücke vom Ufer mit. *Treibgut* eben. Man kann kleine Artefakte aus Holz, Keramik, Muschel, Stein, Glas oder Metall finden. Ich habe dort im Elbekies schon eine steinzeitliche Messerklinge aus Feuerstein und das Glied einer Schmuckkette, ebenfalls aus Flint, gefunden. Beides wohl aus dem Paläozoikum. Dazu Keramik aus uralten Zeiten. Auch sieht man Pflanzen wie wilden Schnittlauch oder wilde Möhre. Dazwischen auch mal das Ei einer Wildgans oder skurriles Schwemmholz, aus dem mein Freund Olaf schon kleine Kunstwerke baute. Zeugnisse des Daseins für Zeitzeugen.

So wie der Fluss manches weiter-, aus- und anspült, so spült eben auch unser Leben manche Erinnerung oder machnen Gedanken an den Rand, an den Strand der persönlichen Geschichte. Dort liegend, um von manchem vielleicht auch (auf-)gelesen zu werden. Quis leget haec? Wer wird das Zeug jemals lesen? Die Absonderungen spiegeln das Leben nicht 1 : 1, sind weder wissenschaftlich noch allgemeingültig. Aber „es musste raus“, wie es Götz George einmal sagte. Erde zu Textbaustein zu Erde. So ungefähr entstand dieses Büchlein eben. Ich wünsche, Sie hatten und Ihr hattet ein wenig Lesevergnügen und vielleicht stellte sich auch ein wenig Nachdenklichkeit dazu ein.

Auflösung des Zahlenrätsels 5307194 im Buchtitel

Das ist die in den Rahmen des ersten eigenen Fahrrades geprägte Nummer, eines grünen „Diamant"-Herrenrades meiner Kindheit. Diese Nummer ist seither auch in mein Hirn geprägt, wenngleich das Rad längst das Zeitliche gesegnet hat. Die Nummer hat Klang, fast einen „Groove". Dieser stellt sich ein, wenn man die Null etwas betont. Wenn ich einmal mit dem Teufel um seinen siedenden Kessel um die Wette renne, dann soll diese Nummer auf meiner gestreiften Jacke aufgenäht sein. Vielleicht zeigt Luzifer angesichts des Sounds etwas Milde.

38. Reportage: Ein Ostdeutscher in den Vereinigten Staaten

Dazu gib es zunächst eine schöne Vorgeschichte: In der DDR hatte ich jahrelang eine riesige alte Schullandkarte von Haack an einer Wand in unserer Wohnung hängen: „Die westlichen Erdteile“. Da sah man in physischer Darstellung Nord- und Südamerika. Oben rechts stand der Maßstab 1:1 000 000. Eins zu eine Million. Ich hatte Anfang der Achtziger irgendwann mit einem Filzstift daneben gekritzelt: „Ist gleich die Chance, dort jemals hinzugelangen.“ Ausgerechnet für diesen Ostdeutschen, der das schrieb, sollte es plötzlich ganz anders kommen, das Leben schlägt manchmal wundersame Haken:

Denn schon im Jahre 1991 hatte ich das große Glück, Teilnehmer einer 15-köpfigen Gruppe ostdeutscher Journalisten zu sein, die auf Einladung der amerikanischen und der Bundesregierung exklusiv für vier Wochen in die USA reisen durften. Man wollte uns wohl zeigen, wie „journalistische Freiheit“ im Westen funktioniert. So besuchten wir unter anderem die Städte Washington D.C., Columbia/Missouri, Los Angeles, Jackson/Mississippi, New Orleans/Louisiana, Boston/Massachusetts und New York. Einen Teil meiner Eindrücke habe ich in einer Reportage veröffentlicht, die hier wiedergegeben wird:

Immerwährender Taumel der Lebensfreude: New Orleans

In den tiefen Süden Nordamerikas fahre ich. Die Hochstraße vorbei an den baumbizarren Sümpfen von Louisiana ist vielleicht die längste Brücke“ der Welt. Sie führt über die toten Mississippi-Arme. Immer wieder sehe ich in den lianendurchwobenen Bajous auf Pfähle gebaute Holzhütten. „Und am Unterleib der Kähne sammelt sich ein zäher Dreck.“ Ich ahne die Alligatoren. So seicht wie diese einzigartige Wasserlandschaft, so tief muß hier einmal die urwaldwüchsige Romantik empfunden worden sein. Oder gibt es sie vielleicht noch?
Der Highway führt schnurgerade in eine Stadt, die mir seither nicht mehr aus dem Sinn geht: New Orleans, Wiege von Blues und Jazz, brodelndes Dorado der Lebensfreude. Der immerwährende Taumel zwischen Straßenmusik, gutem

scharfen Essen, Tanz, Liebelei und Vergnügen kulminiert im legendären französischen Viertel. Es liegt unmittelbar am Ufer des Mississippi - des Old Man River - auf dem die riesigen Raddampfer verschwindend klein aussehen.
Das French Quarter empfängt mich mit einem sich auf dem Kopf drehenden Raptänzer. Ob am Times Square in New York, am Santa Monica Boulevard in Los Angeles oder hier: Diese Straßenschau ist in Amerika allgegenwärtig. In Europa könnte man für derartige Qualität Eintritt nehmen, hier aber liegt nur ein Hut herum.
New Orleans - das ist eine dauernde Maskerade, fern von Hurrakarneval, ernster und fröhlicher zugleich, und trotz der Schminke wahrhaftiger. Skurrile Typen an jeder Ecke. Da kommt der greise Harlekin im Schlafanzug und mit Ostereierkörbchen. Da steht dieses entzückende Mädchen im Südstaatenkleid der 20er Jahre, ein Operntäschchen tragend. Und da ist das weiß gepuderte Gesicht eines Afroasiaten, von langen bunten Haarperlenketten umrahmt. Just have fun - Spaß haben - das ist die Lebensmaxime.
Typisch sind die sich durch ganze Straßenzeilen fortführenden Balkone, durch etwa fünf Meter voneinander entfernte, gußeiserne oder Holzpfeiler abgestützt. Oft hängen Pflanzen bis auf den Fußweg herunter. Das ganze Viertel ist also so eine Art Pergolalabyrinth. Hier im Süden bin ich im Dixieland. Und um die nächste Ecke kommt denn auch eine Band - Sweet Georgia Brown".
Es gibt blutleere Europäer, die behaupten, dies alles sei ein abgekartetes Touristenspektakel. Die haben nichts verstanden . Natürlich ist das Ganze auch eine Show. Aber sie ist echt. Hier kann man Amerika riechen, schmecken, anfassen. Hier kann man die Wurzeln des Blues spüren. Hier swingt jede Bordsteinkante. Pure Lebensfreude ist über den Tourismusvorwurf erhaben.

New Oleans ist die Hauptstadt des Jazz. Und die Bourbon-Street die Hauptstraße. Ich finde es überhaupt nicht kitschig, mir den berühmten „Bourbon Street Blues" anzuhören und dabei eien Bourbon zu bestellen. Man trinkt Whiskey und nicht Whisky. Gerade rüber sehe ich einen der Stammclubs von Satchmo Louis Armstrong. Heute allerdings musiziert dort eine weiße Ragtimeband zu beinahe unerschwinglichen Getränkepreisen. Auch all die anderen Jazzgrößen - von Charlie Parker bis Miles

Davis, von Kid Ory bis Fletcher Henderson - waren im French Quarter zu Hause. Mehr als nur einen Hauch des Traditional bietet gleich um die Ecke die Preservation Hall, ein uralter Club Weißhaarige schwarze Greise spielen den originalen New-Orleans-Jazz. Eine verrückte Ecke die Einmündung zur Charter Street. Und so lese ich denn auch schön falsch auf einem Straßenschild: „Grazie Korner".

Wo jede Bordsteinkante swingt

Als New Orleans von 1762 bis 1803 die Hauptstadt der spanischen Provinz Louisiana war, bekam die Bourbon Street ihren Namen. Ein Dynastiezweig der Bourbonen hatte seinerzeit auch die spanische Krone inne. Später verkaufte Kaiser Napoleon !. Die französische Besitzung Louisiana an die Vereinigten Staaten. Für Bonaparte hatte man in New Orleans schon ein Haus gebaut, doch er kam nicht mehr. Heute ist die Bourbon Street neben dem Broadway New Yorks, dem Sunset Strip Hollywoods, der Route 66 und dem Ocean Drive von Miami eine der berühmtesten Straßen Amerikas. Nur hat sie dabei den kaum vergleichbaren Charme des Südens. Noch vor allen Trompeten, Posaunen und Saxophonen spielt natürlich auch hier der Dollar die erste Geige. Wie manches Innere einer Bar ist ein Schaufenster mit One-Dollar-Noten beinahe zugeklebt. Ich zitiere das Angebot: „crawfish, fried chicken, dinners to go, breakfast $ 2.75, o-boys, jambalaya, muffulettas" Fragen Sie den Autor nicht, was man unter letzterem zu verstehen hat. Draußen auf dem Treppenabsatz sitzen Jim und Eduardo. Sie trinken „Bud". Öffentliches Trinken ist in den USA verboten. So wickeln die Leute Papiertüten um ihre Drinks. Als ich die beiden fotografiere, halten sie sich an den Händen. Solidarität ganz unten.
Die sozialen Kontraste sind nicht zu übersehen im armen us-amerikanischen Süden. Die Farbigen machen die traditionellen, miesen Jobs - wenn sie denn einen haben. So versuchen viele, schon von Kindheit an ein Instrument zu lernen, um später mit dem Jazz durch die Clubs zu tingeln. Auch diese Not ist es, die musikalische Qualität ohnegleichen gebiert.
Immer wieder begegnet mir der Jazz. Und wenn es nur der Indianer mit der Grizzlybärmütze und dem um den Bauch geschnallten Waschbrett ist. Und da ist Johnny, der Gitarrist. Der

spielt mit seinem elektrisch verstärkten Instrument abwechselnd im Saloon und auf der Straße. Das lockt Publikum hinein und draußen entfacht er dabei einen umgezügelten, heißen Straßentanz. Ich gelte als nicht überaus jovial - aber hier muß ich einfach mitmachen. Eine Szene, die ich nicht so schnell vergesse.
Überall ist der Eintritt frei. Wie in der nächsten Bar gleich nebenan. Ein Pianoblues zieht mich hinein. „Whats your name?" „Hans-Peter." „A Blues for Hans-Peter." Und der Mann am Klavier legt los. Ein herrliches Solo. Und ein vorbeischlendernder Mundharmonikaspieler steigt mit ein. Der ganze Laden brüllt „Yeah!" . Und der Barkeeper macht neue Flaschen auf, Southern Comfort...

Draußen fahren die bunten Eselskarren vorbei. „Sammy", steht überall dran, hat dieses Geschäft. Porträtzeichner sitzen reihenweise herum, einer besser als der andere. Wunderbare Restaurants mit der guten „French cuisine" laden ein; sehr scharf oft, viel Fisch, auch Hummer. „Fresh seafood" steht allerorten zu lesen. Und immer wieder die noch heißeren Straßenbands, durchwegs schwarz meistens und alle Altersgruppen dabei. Und sie spielen fantastisch, die Jungs. Besonders unten am Mississippi scharen sie sich. Und da sitzt ein kleiner Trommler, vielleicht acht Jahre jung. Er spielt besser Schlagzeug als viele seiner professionellen europäischen Kollegen von Rock und Pop. Ich spende ihm viel Beifall. Ihm und dieser faszinierenden Stadt.

„Wir haben keine Träume mehr": Jackson Mississippi

Wer wissen möchte, wie weit es mit der Überwindung der Spannungen zwischen Schwarz und Weiß in den USA ist, muß sich das zweifelhafte Vergnügen gönnen, nach Mississippi - in den ärmsten aller Bundesstaaten - zu fahren. Hier im tiefen Süden wird man die von europäischen Möchte-gerne-Philantropen und multikulturellen Wunschdenkern genährte Illusion vom allmählichen Aufeinanderzugehen der Ethnien schnell begraben müssen.
Hier hatte ich vielmehr den Eindruck, daß die Schilder mit der berüchtigten Aufschrift "For Whites only" just eben erst abgebrochen worden waren. In der Hauptstadt Jackson, einer

Kommune mit etwa 300 000 Einwohnern und hohem Anteil dunkelhäutiger Bevölkerung, findet das Zusammengehen von Black und White bestenfalls noch auf dem Etikett einer Whiskymarke aus der alten Welt statt. Nirgends sonst. Der ebenhölzerne Steve Wonder und der elfenbeinerne Paul McCartney werden hier keinen Blumentopf gewinnen.
Ich frage zunächst einen wohl kompetenten Mann: Den Chefredakteur der schwarzen Tageszeitung "Jackson Advocate" Charles W. Tisdale. Der zitiert erst einmal Hegel: "Aus der Geschichte lernen wir, daß wir aus der Geschichte nichts lernen." Er stellt fest, daß die Integration zwischen Schwarz und Weiß eine fehlgeschlagene Perspektive ist. Vor etwa 20 Jahren scheinbar weitgehend überwunden, habe man es nun mit einem gravierenden Rassismus zu tun.
Der Kampf um politische Gleichberechtigung sei schier aussichtslos geworden - mit oder ohne Jesse Jackson. Die Kirchen und Schulen hätten ebenso versagt wie die große Politik in Washington. Man sitze im alten Boot. "Aber trotz aller kybernetischer Macht verlange ich Gleichheit", so Tisdale - eines von 16 Kindern übrigens. Er bemerkt, daß Schwarze nach wie vor nur über einen Bruchteil des Einkommens der Weißen verfügen, eine ungleich höhere Arbeitslosenrate verzeichnen. Dem Noch-Präsidenten Georg Bush wirft er vor, er verhalte sich Rassisten und sogar dem verborgen weiter existierenden Ku Klux Klan gegenüber merkwürdig konziliant. Bush trage dort "sehr feine Anzüge". Das Statement Tisdale wird noch düsterer. Im eklatanten Widerspruch zum großartigen Martin Luther King fährt er fort: "Wir haben keine Träume mehr."
Jenseits dieser Resignation wünscht er sich, daß seine Brüder und Schwestern das Stolzsein wieder lernen. Wenn sie in dieser amerikanischen Gesellschaft nicht das leisten könnten wie Weiße, dann habe dies objektive Ursachen. "Wenn man jahrelang gefesselt war, dann läuft man nicht so schnell." Das verblüffende Credo dieses vielleicht übertreibenden, aber aufrichtig wirkenden Mannes:
"Eine Integration zwischen Schwarz und Weiß wird es nicht geben, niemals. Wir Schwarzen wollen das auch nicht. Nur in eigener Gemeinschaft können wir unsere Kultur ausleben, unser typisches Leben aufbauen. Dabei wollen wir durchaus kulturelle Vielfalt, aber ebenso Toleranz. Wir sind nun einmal anders und warum sollten wir auch nur einen Zentimeter unserer Identität aufgeben?" Und noch einmal: "Wir haben keine Träume mehr."

Mag sein, daß zu dieser Auffassung von Tisdale beigetragen hat, daß er Rassenkonflikte selbst hautnah erfahren hat. Nicht lange ist es her, dass Weiße seine Redaktionsräume in Jackson mit Maschinengewehrsalven und Brandbomben zusammengeschossen hatten. Seinerzeit war es gelungen, diese Leute zu fassen. Man hatte sie zu 15 Jahren Gefängnis verurteilt. Doch der Staatsanwalt - nach Tisdales Worten ein weißer Rassist, der darüber hinaus in den Drogenhandel integriert ist - holte die Männer nach etwa acht Monaten wieder aus den Gittern hervor.
Und während Tisdale dies sagt, sehe ich durch das Fenster drüben auf der anderen Straßenseite einen verbeulten, uralten Straßenkreuzer halten. Aus einer Baracke, die lediglich eine herunterhängende, rostige Coca-Cola-Reklame ziert, wirft jemand ein kleines Päckchen durch das heruntergekurbelte Autofenster, hinter dem ein Schwarzer sitzt. Der Journalist: "Einer der wichtigsten Drogenumschlagplätze in dieser Stadt, jeder weiß es." Die Polizei - selbst bis in die Seitentaschen ihrer Harley Davidsons hinein korrupt - fährt gelassen vorbei...
Ich schlendere später diese verdächtige Straße hinunter. Jedes zweite Geschäft, wenn man es so nennen will, ist mit Brettern vernagelt. Irgendwann vor Jahren sind die Scheiben eingeschlagen worden. Hier, in unmittelbarer Nähe der kleinen City, beginnen die schwarzen Slums. Arbeitslose Männer sitzen auf den Treppen ihrer kümmerlichen Holzhütten und dösen oder trinken. Den ganzen Tag lang. Ich komme an einer ruinösen Anlage vorbei, die einmal eine Tankstelle gewesen sein muß. Neben einem Supermarkt wühlt ein alter dunkelhäutiger Mann im Müll. Es stinkt fürchterlich. Immer wieder werde ich angebettelt. Jackson ist eine sterbende Stadt. "Eine Integration findet nicht statt"...

In einer schwarzen Bar

Jackson, Hauptstadt von Mississippi. Eine der heruntergekommenen Straßen nahe der City. Da es erst früher Nachmittag ist, wage ich mich in eine schmuddelige, ausschließlich schwarze Bar. Das, was einmal so eine Art Fenster war, ist mit Maschendraht verhauen. Ich gebe mich selbstbewußt und freundlich zugleich und bestelle mir ein sogenanntes "Bud" - das Kürzel für das meistgetrunkene Bier in

Amerika, das eben dort produzierte, relativ schwache Budweiser. Hier in diesem Schuppen soll sich meine Südstaatenvorstellung präzisieren.
Hinter dem schmierigen Tresen brutzelt eine gemütliche “Ma“ - etwa so breit wie die danebenstehende Jukebox - im “Fried kitchen“ irgendwelches American Fast Food. Ich drücke mir inzwischen mit zwei Quartermünzen einen schweren Blues in den Automaten, schließlich ist New Orleans nicht weit.
Mir gegenüber sitzt ein uralter Mann mit diesen warmen schwarzen Augen und einem schneeweißen Bart. Er sieht aus wie eine Figur aus einem Tennessee-Williams-Roman. Er blinzelt mir zu und wippt den Blues beinahe unmerklich mit. Unzweifelhaft hat er mehr Rhythmusgefühl als etwa 500 Europäer zusammen.
An einem anderen Tisch sitzt ein junges, beiderseits ziemlich ausgemergeltes Ehepaar. Wenn ich nicht wüßte, daß man Anoraks erst in diesem Jahrhundert erfand - ich nähme an, jene währen aus dem vorigen. Da kommt eine alte Frau herein, sieht sich um und setzt sich nach kurzem Überlegen neben mich. Sie starrt mich auf eine merkwürdige Weise an, die ich zunächst nicht begreife. Nach geraumer Zeit spüre ich, daß sie sich mir anbietet. Ich versuche erfolgreich, sie mir mit freundlicher Gleichgültigkeit entbehrlich zu halten.
Wieder lächelt der alte Mann, der ein wenig aussieht wie der jetzt verstorbene großartige Dizzy Gillespie, mich an. Er hat nicht nur einen weißen Bart, sondern auch ein weißes Hemd und darüber dicke dunkle Hosenträger. In einem Anflug spontaner Sympathie vermute ich hinter diesen Hosenträgern ein weites Herz.
Die Frau da mit der Pudelmütze gegenüber raucht Zigarre. Das Ehepaar trinkt aus Pappbechern mit Eiswürfeln. Die Amerikaner haben die irrsinnige Angewohnheit eben, in ihre ohnehin schon frostkalten Getränke noch Unmengen Eiswürfel zu schütten. Daß man dadurch gar nicht richtig trinken kann, scheinen sie zu ignorieren. Irgendwie verschämt bemerke ich zwischendurch, daß so eine halbwegs noble Lederjacke, wie ich sie trage, sich hier niemand leisten kann.
Mississippi - das schwarze Amerika. Eine gigantische Ambivalenz. Eine immerwährende Gleichzeitigkeit von Faszination und Enttäuschung. Hier in diesem abgerissenen Schuppen mit abgerissenen Leuten wird mir das bewußt, obschon die Katze, die gerade vom heißen Blech der

wandelnden Jukebox springt, aussieht wie eine europäische. Die Menschen hier sind traurig und glücklich zugleich - wie der Blues eben.
Und vor der Tür steht ein alter Straßenkreuzer. Aber es ist keiner - er sieht nur so aus. Und am hölzernen Telefonmast gegenüber liegt eine Leiche. Na gut das war jetzt erdichtet. Only a joke. Vielleicht ein übler. Allerdings kein abwegiger, wie Sie im 3. Teil dieser Serie lesen werden...Aber daß ich nun mit einer Dollarnote bezahle, die nur noch soviel grüne Farbe hat wie die Hoffnung auf eine Verbrüderung von Schwarz und Weiß in diesem amerikanischen Süden, das ist die nackte Wahrheit. Es ist der abgegriffenste Lappen, den ich je in der Hand gehalten habe. Als ich das "Birdland" verlasse, komme ich über die verbale Verbissenheit Tisdales (siehe Teil 1) ein paar Augenblicke lang ins Grübeln. Wird er recht behalten?

Zwischen Cotton und Catfish

In diesem Jackson ist die messerscharfe Trennung zwischen Farbigen und Weißen allgegenwärtig. Aus der purschwarzen Bar kommend sehe ich ein paar Straßen weiter in ein von Mexikanern betriebenes Bistro, in dem ausschließlich Weiße verkehren. Auch hier gehe ich hinein.
Beim Ordnen meiner Notizen werfe ich einen Blick auf den Fernsehapparat, in nordamerikanischen Restaurants und Bars beinahe obligatorisch vorhandenen. Da berichten sie im lokalen Sender, daß man an diesem 12. November in Jackson - einer Stadt von der Größe Magdeburgs also - das 63. Mordopfer jenes Jahres zu beklagen habe: Ein Vietnamese wurde wegen eines Drogenkonfliktes erstochen.
Die Kriminalität unter den Schwarzen selbst wird dortzulande allerdings von keiner anderen Bevölkerungsgruppe übertroffen. Mangelnde Bildung im Zusammenhang mit unterprivilegierter sozialer Befindlichkeit und damit die historische Entwicklung sind als Ursachen zu nennen. Die Farbigen selbst wähnen sich hier alle irgendwie kriminell aktiv. Und dabei röchelt diese Stadt nur noch vor sich hin. Selbst die City hat mehr und mehr leere Bürogebäude, vernagelte Geschäfte, tote Kneipen. Die betuchteren Weißen und die ihre schwarzen Brüder und Schwestern ignorierende afroamerikanische Mittelklasse zieht sich in die besser situierte Vorstadt zurück.

Und die Slums scharen sich direkt um die City - ganz wie die Motten um das Licht. Nicht abfällig ist diese Bemerkung, nur zutreffend. Gespenstisch wirkt die Innenstadt von Jackson dabei. Es empfiehlt sich kein Spaziergang ohne Begleitung, nachts auch nicht mit einer solchen.
Der farbige Stadtrat Louis Armstrong (nicht verwandt mit Satchmo) beklagt die Haltung der Banken, die Schwarzen Kredite verweigerten. Die Sklaverei sei hier kein ausgesprochener Anachronismus, viele Weiße wollten sie zurück. Die Arbeitslosigkeit unter Schwarzen liegt nach seinen Worten bei 65 Prozent. Die Wohlfahrtszahlungen in den USA seien miserabel - eine Mutter mit fünf Kindern erhalte gerade 144 Dollar im Monat.
Die Bleichgesichter hätten ganze Straßenzüge gern für sich allein. Von 150 Rechtsanwälten seien gerade zehn schwarz. In nur einer von zehn Firmen sei ein Dunkelhäutiger der Boss. Dabei bilden sie hier keine Minderheit wie sonst in den Vereinigten Staaten. Der Haß, so Armstrong, zeige sich nicht offen. “You’re my friend“ ist eine gängige Redewendung. Doch hinter den Rücken und Kulissen, da “klaffen die Löcher“, die eine Annäherung unmöglich machten.
Und wenn ich dann ein paar Tage später vorbei an den typischen Baumwollfeldern - the old Cotton Fields - zur größten Catfish-Produktionsstätte Amerikas fahre, dann werden meine Eindrücke nicht angenehmer, Hier in Belzoni, in der naßkalten und erbärmlich stinkenden Atmosphäre einer Fischfabrik, stehen ausschließlich schwarze Frauen am Fließband. Sie müssen dort - plastikverhüllt bis auf die Augen - acht bis zehn Stunden täglich die Gedärme aus den Katzenfischen (Welsen) reißen und in große Bottiche blutigen Schleims werfen.
Diese Frauen haben Anfahrtswege von manchmal zwei Stunden und sie haben einen weißen Vorarbeiter. Zufall? Ich weiß es nicht. Jedenfalls kann ich mir weiße Amerikaner bei dieser Drecksarbeit kaum vorstellen. Für dieses kleine, aber ständige Martyrium erhalten die Arbeiterinnen zunächst gerade 35 Dollar am Tag. In den Baumwollplantagen sieht die ganze Situation ähnlich aus. “Eine Integration findet nicht statt.“ Noch lange werde ich über diesen Satz des schwarzen amerikanischen Journalisten Tisdale nachdenken.

Wo der Westen am Ende ist: Los Angeles

Unmöglich, diesen Koloss in einem Buch oder gar nur in einem Zeitungsartikel zu beschreiben. Was da Tag und Nacht quackert, flackert, vibriert, pulsiert und flimmert, ist ein endloses Meer von Straßen und Bungalows mit etwa 15 Millionen Einwohnern: Los Angeles. L.A. Kalifornien. USA. Wer nachts hier einfliegt, eine knappe halbe Stunde über ein unwirkliches Lichtermeer, wie es auch Jack Nicholson vom Mulholland Drive aus sieht, weiß nicht, wo diese Stadt anfängt und aufhört.

Der Großraum L.A. streckt sich über 1600 Quadratkilometer, das Kerngebiet allein beherbergt 9 Millionen Leute. Mitten darin die Downtown mit ihren aus Kriminalfilmen bekannten Wolkenkratzern, die aussieht wie eine Bohrinsel inmitten der endlosen Nordsee. Mitten drin dreht sich in Wolkenhöhe das Restaurant des Buenaventura Hotels mit seinen kreisrunden Türmen. Los Angeles ist ein Bündel von großen Städten auf der Suche nach einer gemeinsamen Identität. Minoritäten aus Asien und Lateinamerika leben so wie die weißer und schwarze amerikanische Bevölkerung in eigenen Stadtteilen mit eigener Kultur, eigenen Geschäften und den jeweils typischen Warenangeboten.

Das Spektrum reicht vom vornehmen Beverly Hills mit den teuren Boulevards Melrose Avenue und Rodeo Drive über ähnlich mondäne Viertel wie Westwood oder Bel Air bis zu den von kriminellen Gangs beherrschten Gebieten des Ostens wie Santa Fe Springs, Commerce und weiter bis zu South Central mit den Großkiezen Vernon und Florence. In letzterem hatte sich 1990 der bekannte „Flächenbrand“ wegen eines Apartheid-Urteils entzündet.

Das „Western Empire“ riecht nach einer Mischung aus Südfrüchten, billigem süßlichen Parfum und trocken-heißer Leichtigkeit. Diese nach dem großen weiten Leichtsinn duftende Atmosphäre verführt das Establishment wie auch die Leute jenseits der Sunny Side of the Streets zu beiderseits bunt behemdeter Kriminalität. In L.A. zählte man schon 1991, als dieser Beitrag entstand, etwa 100 000 Gangmitglieder. Viele schwer bewaffnet. Ethnische Minderheiten kämpfen um den Erhalt ihrer Kultur, Asiaten wie etwa die Koreaner kapseln sich ab, haben eigene TV-Kanäle.

Zwischen diesen und den Schwarzen gibt es einen regelrechten Krieg. Gerade, als ich südlich der Down Town recherchiere,

erzählt mir eine dunkelhäutige Frau, dass man vor wenigen Tagen die Tochter ihrer Freundin erschossen hat. Äußerlich sind diese stereotypen Gegenden mit ihren flachen Gebäuden – wenn man so will, die Slums der westlichen Zivilisation – kaum als solche zu identifizieren, bestenfalls durch Limousinen älterer Bauart und schräge Grafittis.
Zwei Gangs stehen sich dort vor allem anderen gegenüber: Die Crips, das sind die Hispanics, in Blau. Und die Bloods, das sind die Schwarzen, in Rot. Die meisten zwischen acht und 25 Jahren jung. Dazu mischen sich immer wieder auch asiatische Banden ein. Allesamt sind direkt oder mittelbar in den Drogenhandel involviert. In den so genannten Rockhouses holen die Kids die Drugs, den Stoff für die Älteren. Die „Kleinen" sind nicht strafmündig.
Im Jahre 1991 zählte man 275 Gangtote. Auch Kinder waren darunter. Die Legende vom Schmelztiegel Los Angeles, von der friedlichen Durchdringung aller Ethnien wie in einer Salatschüssel, ist in den Rauch von Mündungen von Schusswaffen aufgegangen. Eine Integration oder gar Inklusion findet nicht statt. Man grenzt sich ab. Man bekämpft sich. Wie eh und je. Los Angeles ist kein Schmelztiegel, sondern ein brodelndes Gemisch von sich bei Berührung entzündenden Chemikalien.
Es heißt, dass seinerzeit jene Menschen nach Kalifornien kamen, die es im Osten und Mittelwesten Nordamerikas zu nichts gebracht hatten. Go West. Die Enkel dieser Vorfahren hören heute vorzeitig mit der Schule auf, jobben bei McDonalds und kaufen sich dann zunächst irgendeinen alten Straßenkreuzer. Bildung kann man eben kaum zur Schau tragen. Noch vor fünf Jahren wollte man in L.A. eins werden, aber heute sind aus den cooking pots – aus den einzelnen Kochtöpfen keine wirklichen großen Salad Bowls geworden. Eher kochen die verbeulten Kessel weiter und drohen zunehmend überzulaufen.

Himmel und Hölle kalifornisch

Busse verkehren in L.A. Nur in Richtung Dowtown und zurück. Ansonsten ist der gigantische Moloch – das urbane Monstrum des Westens – mit seinen 86 Einzelstädten eine pure Autostadt. Es gibt nur wenige Orte, in denen man Menschen auffällig zu

Fuß die Straßen entlang gehen sieht. Hollywood als Tourismusmagnet, der Ventura Boulevard, das studentische Westwood und Santa Monica mit dem berühmten Venice Beach Boardwalk an der palmengesäumten Pazifikküste. Dort eben, wo die verrückten jungen Betuchten rappen, joggen, tanzen, dauerlaufen, Rollschuh oder Skateboard fahren.
Wenn schreiende Osteierfarben bei uns ansonsten als eher kitschig gelten, gehört das unbefangene Umgehen mit Buntheit zum amerikanischen Lebensstil. Hier widerspiegelt es nur eine gewisse Leichtigkeit des Seins im Wohlstand, während das analoge Phänomen in Afrika eher ein aus der Not geborener Trick ist, dem Leben ein wenig trotzende Freude abzugewinnen. In Kalifornien aber kann man sich die Show leisten, einen ganzen Boulevard komplett in wassergrün und türkis zu halten, während von Efeu bewachsene, lebensgroße Saurier und Mammute köstliches Naß für die Vorübergehenden speien. Und es ist tatsächlich dieses strahlende Postkartenviolett, wenn täglich am Stillen Ozean hinter den Palem die Sonne untergeht: „It never rains in California."
Hier in Santa Monica gehen die Hollywoodstars flanieren, wenn sie dies nicht in Beverly Hills nahe ihrer bewachten und hermetisch abgeschirmten Wohnburgen tun. In Joseph Brandstetters „Piano Mart" zum Beispiel sind Leute wie Linda Evans, Michelle Pfeiffer oder Paula Abdul Kundinnen. Hier sehe ich sogar noch ein Klavoer von Zimmermann aus DDR-Zeiten herumstehen und Brandstetter lässt mich darauf herumklimpern. Ein Stück weiter hat der Fitnessberater von George Bush Sr. das größte Bodybuilding- und Aerobic-Zentrum von L.A. etabliert. Er heißt Arnold Schwarzenegger. Damals „erfolgreichster Schauspieler aller Zeiten". Man weiß, dass hinter dem Begriff Erfolg in den Vereinigten Staaten einzig der Dollar steht. Immerhin hat Arni der Österreicher als späterer, nicht erfolgloser Gouverneur von Kalifornien eine beachtliche Karriere hingelegt.
Eine eigene Welt ist die bereits erwähnte Downtown in L. A. mit ihren gläsernen Türmen. Mir kam sie steril, kalt, menschenleer vor. Inmitten der Hochhäuser steht eine gewaltige Brunnenstele aus Eis, an der ständig Wasser herunterfließt und die mit beginnender Dämmerung regelmäßig plötzlich in Flammen aufgeht. Ein urbaner Gag der Superlative.
Auch das Buenaventura bietet einen kleinen Großstadt-Thrill: Mitten im riesigen Atrium mit seinen vielen Restaurants und Bars

führt ein gläserner Lift in die Höhe. Die Stühle der Cafés unten werden immer kleiner. Dieser Lift aber schießt dann etwa in der 20. Etage urplötzlich ins Freie, an die Außenwand des Gebäudes – und die Leute spüren in diesem Moment einen mittleren Nervenkitzel bis unter die Gürtellinie und in die Fußspitzen.

„Los Angeles" ist eine Stadt der Kinder, die ihre Eltern suchen", erzählt mir ein weißer Amerikaner oben in der 360-Grad-Bar. „Wir sind Kinder, die ihre Träume und als deren Ausdruck deren Spielzeuge tauschen." Das Sich-Verabreden oder Adressen tauschen ist in den USA oft ein oberflächlicher Selbstzweck, ein laxer Tagesritus. Man scheut den Begriff Verbindlichkeit. Man möchte nicht, dass andere sich den eigenen Kopf zerbrechen. Wenn es einmal etwas „tiefer in die Materie" geht, wird der Amerikaner empfindlich.

Vielleicht hat dies auch mit dem Puritanischen dieser Gesellschaft zu tun. Öffentliche Toiletten zum Beispiel sind in der Regel auf Kniehöhe sichtfrei, damit auch jeder sehen kann, dass sich, und wenn, nur eine Person darin befindet. In manchen Bundesstaaten ist das Märchen „Rotkäppchen" an den Schulen verboten, weil die Großmutter darin Wein geschenkt bekommt. Bigotterie gibt es nicht nur in Deutschland.

Auf dem Weg zurück aus der City benutze ich den öffentlichen Bus und erlebe das Kontrastprogramm zur Glitzerwelt der Downtown. Abgerissene, Kranke, Arme, meistens Hispanics drängeln sich dort. Gesellschaftliche Verlierer. Es stinkt fürchterlich nach einer seltsamen Mischung aus ungewaschener Kleidung, Schweiß, Alkohol und Drogen. Leere Blicke, geschiente Gliedmaßen, fettige Kragen, Stille. Kein murmelndes Plaudern wie sonst in Bussen und Bahnen. Eine gewisse Beklemmung und der Anflug von Angst münden in Nachdenklichkeit und in das Hoffen, endlich aussteigen zu können. Dies alles gar nicht weit von einer anderen Glitzerwelt – den Sunset Strip mit dem Marlboro-Mann und dem Hollywood Boulevard mit den eingelassenen Sternen der Sterne.

Patschhändchen und Bauernstiefel: Hollywood

Es ist keine Mär, daß US-Amerika das Land der verblüffendsten Kontraste ist Und in Los Angeles kulminieren sie. Es ist nicht weit vom damaligen, durch Schwarze wegen eines

Unrechtsurteils entzündeten Flächenbrand – der wie gesagt in jenen Tage glücklicherweise nicht neu entflammt war - bis zur Glitzerwelt von Hollywood mit seinen Theatern, Kinos, Vergnügungslokalen und vor allem Filmstudios und -verleihen. Das berühmteste Filmtheater ist das “Mann's Chinese Theatre“ auf dem Hollywood Boulevard. Hier finden die großen Premieren mit den Stars statt. Und im Vorhof haben sie sich alle verewigt: Marilyn Monroe hat dort ebenso ihre zarten Patschhändchen in frischen Beton gedrückt wie John Wayne seine riesigen Bauernstiefel. Bette Davis, Jack Lemon, Rock Hudson, Doris Day, James Stuart, Gregory Peck, und wie sie alle heißen, sind hier buchstäblich “vertreten“.
In den Bürgersteig sind unzählige, granitene und auf Hochglanz polierte Sterne eingelassen - die Stars wie zum Beispiel auch Alfred Hitchcock, Michael Jackson oder Madonna lassen sich für rund 3000 Dollar vom Publikum mit Füßen treten... Micky Mouse aber bekam dies vermutlich gratis. Ein Stück weiter übrigens - in Beverly Hills unter einer riesigen Palme in einer unscheinbaren schwarzen Hütte - soll seinerzeit die Monroe ihre Affäre mit John F. Kennedy gehabt haben. Oder wars sein Bruder Robert Kennedy, der vielleicht ambitionierteste Politiker in Amerikas jüngerer Geschichte? Oder beide? Und hinten an den Hügeln sind die gigantischen Letter HOLLYWOOD zu erkennen.
Überall in Los Angeles findet man die großen Filmkonzerne und deren Studios wie die von 20th Century Fox, Metro Goldwyn Mayer, Warner Bros., Columbia, Paramount oder Touchstone. In der Traumfabrik der Universal Studios hat der Besucher die Möglichkeit, die Arbeit der Filmleute etwas näher zu beschnuppern.
Hier kann man mitten auf der Straße - wie der Autor - zum Beispiel Marilyn Monroe umarmen. Man begegnet Charlie Chaplin und allerlei bekannten Zelluloidmonstern: Sie alle sind Schauspielstudent(inn)en, die sich beeindruckend ein kleines Zubrot verdienen. An anderer Stelle taucht man ein in die wunderbare Welt von E.T., der die Leute beim Abschied persönlich beim Namen nennt.
Eine kleine Reise durch die Filmkulissen etwas von “Rückkehr in die Zukunft“ oder allerlei Western bringt Überraschungseffekte. King Kong ist ebenso unvermittelt präsent wie der weiße Hai. Bei manchem Schauspiel braucht man Nerven wie Drahtseile. Einer: Einfahrt in einen imaginären U-Bahnhof. Halt. Plötzlich

befindet man sich mitten in einem Erdbeben ungeahnten Ausmaßes. Lärm, Staub, Schreie. Die Betondecke kommt herunter, von allen Seiten Wassereinbruch, von oben her kracht ein ganzer Lastkraftwagen auf die U-Bahn herunter und zerschellt kurz vorher an irgendwelchen Pfeilern. Wenige Sekunden später ist das Schreckens-Chaos wieder der gewöhnliche Untergrundbahnhof von zuvor. Amerika. Ein makabrer Spaß, denn Los Angeles ist tatsächlich akut gefährdetes Erdbebengebiet. Jeden Moment kann der Traum von Hollywoos im Erdboden versinken.
Es gibt jede Menge regionale Fernsehsender in Los Angeles. Bei Kabel-MEX-TV machen wir Station. Es ist einer von zehn Sendern für die spanischsprechende Bevölkerung, also immerhin fünf Millionen Einwohner von L.A. Der Sender ist kommerziell, versteht sich als Dienstleister und ist weitgehend amerikanisiert, was das Programm angeht. Das heißt, es flimmern von früh bis spät oberflächliche Serien. Seifenopern. Der Anspruch von KMEX, die Assimilation der Hispanics zu unterstützen, ohne die "roots" zu vergessen, wird kaum in die Tat umzusetzen sein. 90 Prozent ist eben Unterhaltung. Dennoch werden angeblich multikulturelle Aspekte berücksichtigt. Am Rande allerdings: Wegen der prüden Amerikaner dürfen keine entblößten Busen gezeigt werden...

Grenzpunkt Tijuana - hier trennen sich Welten

Im mexikanischen Viertel in der östlichen Downtown wurde Los Angeles am 4. September 1781 gegründet. Noch heute kann man hier die typisch spanische Architektur zum Beispiel an Kirchen erkennen. Bis 1848 war L.A. mexikanisch. Hier - jenseits des strahlend weißen Rathausturmes - spielt sich das bunte Leben der Hispanics am offensichtlichsten ab.
Weiß angetünchte Gebäude mit den halbrunden Dachschindeln, Eselskarren, farbigen Papierblüten, handgeknüpften Wandbehängen, allerlei Sombreros, niedrigen Tavernen mit unzähligen Ventilatoren und mexikanischer "heißer" Küche und wie überall die subtropische Palmenvegetation prägen das Bild. Aber das bunte Treiben täuscht ein wenig über die Probleme dieser Bevölkerungsgruppe hinweg. Mit 33 Prozent bilden die Latinos nach den Weißen (gut 40 Prozent) immerhin die zweitgrößte ethnische Gruppe in L.A. (Schwarze 12, Asiaten 10

Prozent).
Die pure Armut treibt die Mexikaner immer wieder über die Grenze, zum Beispiel südlich San Diego. Auch Puertoricaner kommen über irgendwelche Routen. Etwa 40 Prozent aller kommen illegal, klettern über den immer strenger bewachten Grenzzaun, den Trump 30 Jahre später weiter ausbauen ließ. Viele Migranten gehen auch nur saisonbedingt nach Kalifornien, um zum Beispiel als Erdbeer- oder Orangenpflücker zu arbeiten. Nach einem Asylprogramm von 1986 kann derjenige für immer bleiben, der beweist, daß er sich schon längere Zeit in de Vereinigten Staaten aufhält.
Die am schlechtesten bezahlten Jobs hier sind noch einträglicher als jene in Lateinamerika: Ein Raumpfleger etwa in Los Angeles wird besser bezahlt als ein Lehrer in Tijuana. So besetzen die Hispanics die Jobs ganz unten, aber eben Arbeitsplätze, die vor Rezession besser gefeit sind. Das findet das Missfallen der Schwarzen, die weniger bereit sind, "niedrige" Jobs anzunehmen. Dies ist einer der Gründe für die Bandenkriege.
Die Familien spanischer Herkunft halten zusammen, die "Blacks" fallen eher auseinander. Wenn sich die Kriminalität auch erst bei längerem Aufenthalt einstellt, so gehört sie doch zum "guten Ton" der fortschreitenden Amerikanisierung. Es sei denn, sie war schon mit dem in Mexiko ausufernden Drogenhandel hinüber geschwappt. Obschon immer mehr Menschen aus dem Süden den Weg nach Nordamerika nehmen, wird es dennoch keine Re-Mexikanisierung etwa in Kalifornien, New Mexico oder Arizona geben - trotz der vielen Städtenamen mit dem San, Los, Las, Santa oder El am Anfang. Dennoch wünschen sich viele ein solches "Roll back" zu den Ursprüngen Amerikas mit den Einflüssen der Mexikaner und auch Indianer.
Die Hitze hier ist allerdings schon jetzt so gnadenlos wie in Mexiko. In den Monaten August bis Oktober werden bis zu 95 Grad gemessen. Sie haben richtig gelesen, denn es handelt sich um Grad Fahrenheit. Andererseits kannten schon die Ureinwohner Südkaliforniens den häufigen Nebel über dem Los Angeles-Becken zwischen Long Beach und den Santa-Monica-Bergen.
Dem Nebel kann man zwar entfliehen, wenn man den Mullholland-Drive zwischen L.A. und dem San Fernando-Tal überquert, nicht aber dem Smog, der an manchen Tagen

graugelblich oder graurosa über den Ebenen liegt und Augen und Schleimhäute reizt. It never rains in Southern California, heißt es. Aber wenn doch einmal, dann schüttet es wie aus Eimern. Der heutige Klimawandel hat die Sache offenbar noch verschärft.
Meistens aber dampft der Asphalt der berühmten Panamericana, etwa auf den Pacific-Highways von San Diego nach San Francisco - einem der schönsten Straßenabschnitte der Welt - vor Hitze. Im Hinterland des kalifornischen Hügellandes haben viele betuchte Amerikaner oder Mitglieder des Establishments ihre Anwesen. So etwa seinerzeit Ronald Reagan in Simmy Valley mit seiner Ranch. Von dort ist es nicht weit nach Malibu oder Santa Barbara mit ihren Yachthäfen am Stillen Ozean. Die Strände sind wie überall mit den nicht enden wollenden Palmen gesäumt. Viel Stamm, wenig Blattwerk. Aber als schön geltend. Und rosarot und violett sind die bestimmenden Farben. Und sie sind noch nicht einmal trügerisch. Das Leben plätschert hier und fließt nicht. Wie in Los Angeles.

Ach ja: 24 Stunden New York, New York

Das ließ keinen kalt, als wir im Oktober schließlich aus Boston kommend auf dem New Yorker Flughafen La Guardia einflogen und die Maschine unmittelbar vor der Landebahn so flach über dem East River schwebte, dass man schier hineinfassen zu können glaubte. New York im gleichnamigen Bundesstaat New York ist eben doch anders. Die wunderbare Queensboro Bridge auf Manhattan zu, die wir dann von Queens aus überquerten, gab uns ein Gefühl von Großartigkeit, ohne zu wissen warum. Wir steuerten direkt auf den südlichen Central Park zu, der uns an Dustin Hoffman erinnerte, als er dort als legendärer Marathonman am Maschendrahtzaun entlangjoggte. Es ging weiter in die Lexington Avenue, wo wir für ganze 24 Stunden im Marriot untergebracht waren, mit Blick aus dem 21. Stock auf die zahllosen quietschgelben Taxis und auf das mondäne Waldorf-Astoria-Hotel. In unserem Zimmer hing im Badezimmer direkt neben dem Klopapier ein Telefon, was ich so auch noch nie gesehen hatte.
Big Apple nennt man N.Y. andererseits - eine mit einem extrem

aufgeblasenen Charisma aufgeladene Stadt, die dieses Versprechen nicht immer halten kann. Manhattan zum Beispiel hat auch bei hellstem Sonnenschein kaum Tageslicht, weil die Schatten der Wolkenkratzer einfach zu groß sind. Gewisse Schatten gibt es heute noch mehr, denkt man nur an den ominösen Trump Tower. Permanente Dunkelheit gebiert dunkle Gestalten.

Eine derer war ich allerdings auch selbst, als ich dann kurz nach der Ankunft am Chrysler Building vorbeiging, welches diesen eindrucksvollen Art-Deco-Aufsatz sein eigen nennen darf. Die New Yorker sind zurecht stolz auf diesen großartigen Architektur-Entwurf aus der ersten Hälfte des 20. Jahrhunderts. Ich musste mich etwa dort entscheiden: Reihe ich mich mit meinen 14 anderen ostdeutschen Journalistenkollegen (Elf99, Radio DDR, Sächsische Zeitung etc.) in die elende Schlange ein, um nach Stunden auf das Empire State Building zu steigen, oder gehe ich eigene Wege. Ich entschied mich für Letzteres. Denn unweit des UNO-Gebäudes linkerhand befand sich direkt am East River eine kleine Helicopter-Landefläche, die mir ins Auge gefallen war. 50 Dollar, und man flog mit nur einer weiteren Person 20 Minuten über all die Wolkenkratzer und die Freiheitsstatue, dieses beeindruckende französische Geschenk. Das World Trade Center stand damals noch, und wir flogen mit dem Hubschrauber direkt über diese Twin Towers hinweg, die zwölf Jahre später nach einem furchtbaren Anschlag mit vielen Opfern in sich zusammenfallen sollten.

Aber die Schatten von NYC rufen auch nach Licht. Lichtgestalten wie die famousen Jazzer in den großen Clubs, auf deren Spuren ich mich dann abends begab. Ich erkundete Manhattan allein zu Fuß, suchte zunächst den Jazzclub „Fats Tuesday“, wo nur Barmusik dudelte, um dann aber das „Sweet Basil“ anzusteuern, wo gerade die legendäre Art Farmer Band spielte. Ich drängelte mich hinein bis zur Bühne vorn, was sich als Fehler herausstellte. Die Securityleute mochten das gar nicht, wollten mich irgendwo hinten platzieren, und als ich protestierte, warfen sie mich kurzerhand im hohen Bogen aus dem Lokal. Wie im Film.

Aber ich hatte noch einen Joker in der Hinterhand. Nicht weit lag nämlich der legendäre Club „Village Vanguard“, wo – welch ein Glück – gerade der Weltstar Sun Ra mit seiner Band spielte. Dort war es zwar ebenso brechend voll, aber ich diskutierte mit der schwarzen Kassenfrau an der Straße solange, bis sie mich

hineinließ. Das Konzert war unvergesslich, denn hier durfte ich mir einen Restplatz in den verrauchten Räumlichkeiten selbst aussuchen.
Kurzer Einwurf: Überhaupt wurde meiner Neigung zum Jazz und Blues während der US-Reise immer wieder auf faszinierende Weise entsprochen. In Washington D.C. waren wir im Stadtteil Georgetown Gäste eines furiosen Konzertes mit der Maceo Parker Band, diesem heißesten aller schwarzen Funk-Musiker, und wir tanzten auf den Tischen dieser Bar. Später in Missouri tanzten wir abermals und das sogar auf der Bühne, als im Keller unseres Hotels eine schwarze Bluesband spielte und wir mitsangen, den Backgroundchor imitierten. Draußen an der Straße prangte eine riesige, aber merkwürdig übertriebene Leuchtreklame: „Welcome East German Leaders".
Nach dem Sun-Ra-Konzert nebst einigen Bieren ließ ich mich dann zu später Stunde im Yellow Taxi zurück ins Marriot fahren. Ich hatte in diesen 24 Stunden nicht allzuviel von New York mitbekommen, aber eben doch viel mehr als erwartet. Am nächsten Tag ging es vom Flughafen Newark jenseits des Hudson Rivers zurück nach Frankfurt/Main, und dann nach Magdeburg. Welch Kontraste kurz nach der friedlichen Revolution.

39. Gedankensplitter

1. Revolutionen gehen manchmal schneller als die Polizei erlaubt.
2. Jugendlichkeit ist, verblüffen zu können und sich verblüffen lassen zu können.
3. Fußball ist, wenn zwischen Diesseits und Jenseits nur noch das Abseits liegt.
4. Tue Gutes und **schweige** darüber.
5. Regen und Kälte sind immer noch besser als gar kein Wetter.
6. Die Summe aller Arschlöchrigkeit ist immer und überall konstant.
7. Die Creme de la Creme ist nicht selten Abschaum.
8. Die Gesellschaft ist wie eine Münze: Die Mitte trägt, der Rand – er prägt.
9. Die Grenze ist der fruchtbare Ort der Erkenntnis und der furchtbare Ort der Entscheidung.
10. Das Grüne hinter meinen Ohren ist der Grünspan der Reife.
11. Kapitalverbrechen waren früher einmal Morde. Heute sind es Absprachen von Bankern, Managern und Politikern.
12. Fragen sind klüger als Antworten.
13. Halt die Presse!
14. Gehe nie zum Arzt, wenn Du nicht gerufen wardst.
15. Schwarz fahren ist noch keine organisierte Kriminalität,

schwarz wählen schon.

16. Ich hab den Koppelstrich lieber im Vornamen.

17. Lügen haben schöne Beine.

18. Wir haben die Weihnachtskugel-Gesellschaft: Außen Glanz und innen hohl.

19. Der Schwartenberg ist der Gartenzwerg des Bildungsbürgertums.

20. Der Geländewagenfahrer beim Brötchen holen hat weniger Stil als die Oma, die im Abwaschwasser U-Boot fährt.

21. Früher gab es Baba Yaga. Heute Baba Yoga.

22. Ich bin der Vogel, **den** das Nest beschmutzt.

23. Als Pressereferent hat man den Job, die Reden, die man schrieb, als erster selber zu beklatschen.

24. Der Fortschritt des Kapitalismus ist blind für jenen Moment, wenn er zum Fortsturz wird.

25. Musikkneipe: „Saitensprung"; Lampenladen: „Watt ihr Volt": Getränke-Shop: „Saftladen"

26. Politiker sagen immer mehr über immer weniger, bis sie alles über nichts sagen.

27. Die Stoßstange ist aller Laster Anfang.

28. Ein Handy ist zunächst einmal der Jazzkomponist mit dem Vornamen William Christopher. (Er schrieb den legendären St.-Louis-Blues)

29. Meine Frau hört nachts einen Regenwurm in der Gartenerde wispern, der dies nur in seinem Traum getan hat.

30. Spätestens dann, wenn man eine Weile den Klammeraffen

klickt, um den PC zu bedienen, sollte man sich ein paar Tage Urlaub gönnen.

31. Die Bürde des Daseins besteht darin, dass Gott mehr Regeln erlässt als der Teufel.

32. Jeder wirbt für sich allein.

33. Gott hat den Menschen exakt in die Mitte zwischen Mikrokosmos und Makrokosmos gestellt.

34. Die Fähigkeit des Menschen zum Denken beschleunigt lediglich seinen Untergang.

35. Schweine würden „Du Mensch!“ quieken, wenn sie sich beleidigen wollten.

36. Es gibt eines, was noch perfider ist als die totale Überwachung in Diktaturen – diejenige in Demokratien.

37. Mancher sucht so viele Haare in der Suppe, dass er daraus Perücken flechten könnte.

38. Die auf der Straße der Ewigkeit durch einen Menschen hinterlassenen Spuren werden länger bestehen als die Trauer, die der Wind der Zeit verweht.

39. Ich glaube eher an die Selbstreinigungskraft des Arsches als an jene des Marktes.

40. Jazz ist, wenn das Kondenswasser der Posaune ins Cocktailglas tropft und die Paare in der Pause wie von Sinnen zum nächsten Tanz aufspringen, weil in der Clubküche versehentlich ein Stapel Teller zu Boden gekracht war.

41. Alles Irdische ist nur Kleinkram.

42. Humor ist, absurde Tätigkeiten mit bitterem Ernst zu Ende zu bringen.

43. Anbieten und Anbiedern klingen nicht ohne Grund sehr

ähnlich.

44. Es ist entweder Vergreisung oder Altersweisheit, wenn man einen Buchrücken zärtlicher streichelt als den seiner Frau.

45. Wer sich möglichen Augenblicken der Wahrnehmung von Schönheit entzieht, ist entweder ausgemacht stumpf oder er hat einen auserlesenen Geschmack.

46. Bei manchen Menschen ist es gleichgültig, ob man in deren Annales oder Anales schaut.

47. Ein alter Gaul tritt nicht mehr nach hinten aus. Die da im Staub verschwänden, sehen ohnehin nicht viel.

48. Mit sich selbst zu reden ist nicht krank, sondern weise.

49. Wenn Frauen Krümel wegmachen, verkrümeln sich Männer lieber.

50. Einer mag das wohltemperierte Klavier. Der andere das wohltemperierte Bier.

51. Lieber Lagerbier als Lagerfeld.

52. Lieber Ella Fitzgerald aus der schnarrenden Kofferheule als Helene Fischer aus der Quadrophonie-Anlage.

53. Sich zu elben heißt sich zu laben.

54. Je mehr Münzen in den Tresor fallen, desto dunkler wird der Ton.

55. Pop ist der letzte abgenagte Knochen des Blues.

56. Beginn einer festlichen Rede: „Meine sehr geehrten Damen und Herren, bevor es an die Bouletten geht, geht es erstmal ans Eingemachte.“

57. Sein Mundwerk hatte leider keinen Schließmuskel.

58. Lieber Präservativ als konservativ.

59. Abschaum ist leicht, deshalb wird er nach oben gespült.
60. Egalité – Fraternité – Liberté – Als Kaffee
61. Wenn alle irgendwo draufhaun, sollte man überlegen, auf alle irgendwo draufzuhaun.
62. Wenn die Lügenmaschine von Goebbels die Feststellung enthielte, dass eine Zitrone gelb ist, dann ist sie deshalb nicht blau.
63. KI ist nur eine weitere Morphiumspritze am Krankenbett des neoliberalen Kapitalismus.
64. Älter werden ist das Überwinden der Angst, etwas verpasst zu haben.
65. Berliner sind bestenfalls als Pfannkuchen genießbar.
66. Gott sieht. Ich schaue. Ihr glotzt.
67. Trink Apollinaire!
68. Die Fackel der Freiheit kann auch einer Lunte dienen.
69. In der ARD sitzen Sie nicht in der ersten Reihe, sondern reihern in den ersten Sitzen.
70. Fröhlich alt zu werden heißt, sich als totgeschossner Hase auf dem Berg der Lebenssanduhr Schlittschuh laufen sehen zu können.

40. Durcheinander gewirbelte Fragen zur Allgemeinbildung

1. Was ist der Sinn Deines Lebens?

2. Was waren a) die „Weiße Rose“ und b) die „Rote Kapelle“ und c) die „Männer des 20. Juli“? Und kannst Du jeweils einen Namen zuordnen?

3. Kennst Du den Unterschied zwischen Calvin und Ives Klein?

4. Ordne die Epoche der Renaissance zeitlich grob ein und erkläre, warum man sie so nennt.

5. Wie hießen der Mann von Jesus Christus Mutter Maria und der römische Statthalter, der das Urteil vollstrecken ließ?

6. Wie heißt der höchste Berg der Welt in der Landessprache und wie hoch ist er genau?

7. Wer waren die drei bekanntesten französischen Aufklärer im Vorfeld der Französischen Revolution, die auch als Philosophen berühmt wurden?

8. Welches ist die Königin der Instrumente? (Singe oder pfeife den weltberühmten Anfang von Bachs Toccata und Fuge in D-Moll.)

9. Welcher britische Politiker sagte: „"*Demokratie* ist die schlechteste aller Regierungsformen - abgesehen von allen anderen."?

10. Wie heißt Stalingrad heute?

11. Wie heißt a) die Inselkette zwischen Alaska und Ostsibirien und b) die Inselkette nordwestlich von Norwegen?

12. Wie heißt die Hauptstadt von Madagaskar?

13. Wie nennt man ein ungarisches Nationalgericht unter Verwendung von Sauerkraut?

14. An Kruzifixen steht oft die Buchstabenfolge INRI. Was bedeutet sie?

15. Welcher chilenische General stürzte 1973 mit Unterstützung der USA den sozialistischen Präsidenten und wie hieß dieser?

16. Wie hießen die vier Beatles mit Namen? Welcher ist Dein Lieblingstitel dieser Jahrhundert-Band (fakultativ)?

17. Welchen Rock´n Roll-Song und von wem nahm die Sonde „Voyager“ als einzigen der Erde mit in die Ewigkeit des Universums?

18. Was versteht man unter Montanwirtschaft?

19. Wer gilt als überwundener Erbfeind Deutschlands?

20. Nenne (mindestens) fünf deutsche Konzentrationslager aus der Zeit des sogenannten Nationalsozialismus

21. Wie heißt die im Winterpalais des russischen Zaren in St. Petersburg zu besichtigende Gemäldegalerie?

22. Was ist der Unterschied zwischen empathisch und emphatisch?

23. Wer war Hammurapi?

24. Wie kann man den Nordpolarstern am Nachthimmel finden und was zeichnet ihn aus?

25. Wer hat Campbells Tomatensuppe weltweit berühmt gemacht?

26. Wie lautet der Satz des Pythagoras?

27. Wie heißt die Zielstadt der Transsibirischen Eisenbahn im Fernen Osten?

28. Welcher schwedische Regierungschef fuhr immer mit dem Fahrrad zum Parlament und wurde ermordet?

29. Wer schrieb den Roman „Das Bildnis des Dorian Gray“?

30. Wie heißt der heilige Berg Japans?

31. Welcher Jazztrompeter blies seine Wangen beim Spielen wie Tennisbälle auf?

32. Nenne den Namen mindestens einer fleischfressenden Pflanze

33. Welche Großkatze ist nach einer Wettererscheinung benannt?

34. Was ist ein Mousseron?

35. Welcher Regisseur drehte „Shining“?

36. Wer spielte die Hauptrolle in „Einer flog über das Kuckucksnest“?

37. Was bezeichnet man als Bodoni, Didot und Garamond?

38. Welches sind die vier Grundfarben?

39. Welcher Maler gilt als Erfinder der Zentralperspektive?

40. Was ist ein „toter Kolumnentitel“?

41. Wer gewann den 100-Meter-Lauf bei Hitlers Olympiade 1936 in Berlin?

42. Nach John F. Kennedy wurde auch sein Bruder ermordet. Wie hieß er mit Vornamen?

43. Was sagt Dir der Begriff „Agent Orange“?

44. Was ist – grob gesagt – ein „schwarzes Loch“?

45. Welche Ereignisse verbindest Du mit dem Datum des 9. November?

46. Zu welcher Kunstepoche gehörten die Maler Claude Monet und Auguste Renoir?

47. In welchem Werk und von wem kommen Nausikaa und Penelope vor?

48. Wer waren die vier Evangelisten?

49. Wer malte (u.a.) Jesus Christus mit seinen 12 Jüngern (Aposteln) beim letzten Abendmahl? Sie heißen übrigens Bartholomäus, Jakobus d. J., Andreas, Judas, Petrus, Johannes, Thomas, Jakobus d. Ä., Philippus, Matthäus, Thaddäus und Simon.

50. Wer war der „King of Jazz“ und wo steht sein Denkmal?

51. „Was es nicht alles gibt, das ich nicht brauche!“ Welchem Philosophen wird dieses Zitat zugeschrieben?

52. Was sagt der kategorische Imperativ von Immanuel Kant?

53. In welchem Jahr wurde die Berliner Mauer errichtet und wann fiel sie?

54. Was sagt Dir das Datum des 17. Juni?

55. Was war Luthers wesentliches Verdienst?

56. Wer war das lebendige Vorbild von Fontanes Romanfigur „Effi Briest“ und wo wuchs sie wirklich auf?

57. Welches Gestein wird durch die Formel SiO2 (Siliziumdioxid) beschrieben?

58. Welches sind die drei kostbarsten (härtesten) Edelsteine?

59. Welches Nadelgehölz verliert im Winter als einziges seine Blätter (Nadeln)?

60. Wie heißen in der Seemannssprache die Spitze, das Ende, die rechte und die linke Seite (Richtung) eines Schiffes?

61. Wann dankte der deutsche Kaiser Wilhelm II. ab?

62. Von wann bis wann währte der erste Weltkrieg?

63. Von wann bis wann währte der zweite Weltkrieg?

64. Welches waren die beiden kriegsentscheidenden Ereignisse des zweiten Weltkrieges?

65. Welches Gebirge begrenzt den Kontinent Europa im Osten?

66. Gegen wen oder was kämpfte Don Chichote vergeblich?

67. Welcher große Fluss fließt durch Myanmar/Burma?

68. Welcher Architekt entwarf die berühmte Kuppel des Domes von Florenz?

69. Die Erde dreht sich um die Sonne (1 Jahr) und um sich selbst (1 Tag). Wie herum dreht sie sich um sich selbst, wenn man auf den Nordpol gucken würde, im Uhrzeigersinn oder gegen den Uhrzeigersinn?

70. Wer schrieb den Roman „Quo Vadis?", für den er 1905 den Literaturnobelpreis erhielt?

71. Welcher große französische Sinti-Gitarrist spielte im „Hot Club du France"?

72. An welchem amerikanischen Fluss wurde der Delta-Blues geboren?

73. Mit welchem Gas töteten die Nazis 6 Millionen Juden in sog. Konzentrationslagern?

74. Welcher schwarz-gelbe Vogel hat einen unverkennbar flötenden Gesang?

75. Wer war Westberliner Regierender Bürgermeister, als Kennedy die Stadt besuchte?

76. Welche deutschen Worte sprach Kennedy?

77. Welche Krise löste 1961 um ein Haar den dritten Weltkrieg aus?

78. Was ist der Unterschied zwischen Eucharistie und Euthanasie?

79. Was sind Versalien?

80. Nenne drei Baumarten mit E.

81. Die oberen Abschlüsse von antiken Säulen nennt man Kapitelle. Man unterscheidet sie in dorische, korinthische und ionische. Wie sind diese jeweils zu beschreiben?

82. In welchem Alter starben Rock´n Roll-Größen wie Jimi Hendrix oder Janis Joplin?

83. Nenne wenigstens einen der großen Bauhaus-Architekten.

84. Wer schoss das Siegtor im Spiel DDR-BRD 1974 in Hamburg?

85. Welches historische Dokument verbindet Kiew mit Magdeburg?

86. Könnte man unter einem Regenbogen durchgehen oder durchfahren?

87. Wie und warum funktioniert ein Foucaultsches Pendel?

88. Welche gilt als die edelste aller Schwarztee-Sorten?

89. Der unvollendete Roman „Franziska Linkerhand" wurde von wem verfasst?

90. Wo stand der Leuchtturm, der zu den sieben Weltwundern gezählt wurde?

91. Wie heißt der leuchtend blaue, indisch benannte Halbedelstein?

92. Wie hieß der Bruder des Stasi-Chefs Markus Wolf und welchen Beruf hatte dieser?

93. Wie hieß er noch, der Mann, der als erster den Mond betrat?

94. Wer löste Fidel Castro als Staatschef von Cuba ab?

95. Wie hießen die größten beiden Ballerinen/Tanzikonen Ostdeutschlands bzw. Westdeutschlands?

96. Welche Jazzsängerin sang das legendäre „Strange Fruit"

und was bedeutet es?

97. Welche Bauchfarbe hat der Buchfink?

98. Wie heißt die Landeshauptstadt von Hessen?

99. Wie heißt Europas höchster Berg?

100. Wer war der Erfinder der Luftpumpe?

101. Was ist unter der Heiligen Dreifaltigkeit zu verstehen?

102. Wann etwa wurde der Islam begründet und der Koran geschrieben?

103. In welchem Gebäude kann man die biblische Szene der Erschaffung der Welt von Michelangelo bewundern?

104. Welche zwei berühmten Führer der Französischen Revolution wurden in der Folge selber guillotiniert?

105. Kennst Du die ersten 5 Ziffern von Pi?

106. Nenne die ersten 20 Primzahlen...?

107. Was bedeuten die Buchstaben LGBTQ? Wer dies nicht beantworten kann, bekommt die doppelte Punktzahl.

108. Wer weiß, was ChatGPT bedeutet, bekommt nur die halbe Punktzahl..

Manche haben das Gefühl, dass das das das schwierigste deutsche Wort ist. Welches ist Dein schwierigstes deutsches Wort?

Regenwetter (1963)

Heut ist ein ganz erbärmlich Wetter
Der Regen fegt vom Baum die Blätter
Die Tropfen klatschen an die Scheiben
Wir Kinder müssen drinne bleiben

Wann fängt die Sonne an zu scheinen?
Die Wäsche hängt doch an den Leinen
Wir Kinder wollen endlich raus
Wann ist der Regen endlich aus?

ALPHABET

A – Arschgeige

B – Bleilaus

C – Charmebolzen

D – Dostoprimetschatjelnosti

E – Eierbatz

F – Fiesematentchen

G – Grünspanträuschling

H – Hottopfladchen

I – Ich faule ab

J – Juppi!

K – Kittifix

L – Laubenpieper

M – Motschekuh

N – Nuckelpinne

O – Or watt?

P – Pierlauke

Q – Quagadougou

R – Rotzlöffel

S – Schmackedu

T – Tschingderassa

U – Umme Länge

V – Vergissmeinnicht

W – Walther von der Vogelweide

X – Xantippe

Y – Yeah!

Z – Zappenduster

Kurzbiografie

14. Mai 1956 Geburt in Burg bei Magdeburg
Eltern: Eva Wannewitz geb. Kneissl (1936-2016) und Hans-Egon Wannewitz (1930-2013)
Geschwister: Bruder René, geboren am 4. Februar 1961
1961 Keuchhusten
1963 Erste Schreibversuche (Gedicht „Regenwetter“)
1962-70 Polytechnische Oberschule Parey/Elbe
seit 1972 Freundschaft mit Gunnar Thierkopf
1970-74 Erweiterte Oberschule Genthin, Abitur
1974 Internationales Fußballturnier in Warschau mit TA Parey, Legia Warschau, Slavia Prag
1974-76 Soldat, Gefreiter der NVA, Raketenabteilung 8 Goldberg, SPW-Fahrer „Eisenschwein“
1976-78 Studium Pädagogik Mathe/Physik Guericke-Uni MD, Abbruch auf eigenen Wunsch
1978-87 FA Satztechnik, Korrektor und Revisor Druckerei Volksstimme Magdeburg
seit 1979 Freundschaft mit Olaf Halfas
1979 Heirat Anke Seiler
1980 Geburt des Sohnes Hans-Henning
1983 Erster längerer Zeitungsartikel: „Parey/Elbe“ auf Seite 3 der Volksstimme
1985-88 Kinderliedertheater Zackli-Packli
1986-87 Erste regelmäßige Veröffentlichungen Tagespresse (Konzertrezensionen)
1987-97 Partnerschaft mit Evelyn Reiser
1988 Volontariat Tageszeitung „Der Neue Weg“, Kulturredakteur, Lokalredakteur
1989-92 Leiter der Redaktion Bezirk Magdeburg „Der Neue Weg“
1990 Journalistenpreis der DDR
1991 Geburt des Sohnes Max
1991 Vierwöchige USA-Reise auf Einladung der deutschen u. amerikanischen Regierung
1993 Verlagsassistent Helmut-Block-Verlag
1994 Dozentur „Journalismus“ Erwachsenenbildung (eigener Lehrplan, 80 Seminarstunden)
1994-97 Leitung der Redaktion des „magdeburg report“ und weiterer Wochenblätter
1994-97 enge Zusammenarbeit mit meinem Freund Thomas

Muschter (+2023)
1997-2020 Pressesprecher und Referent Stadt Schönebeck (Elbe), OB Haase, OB Knoblauch
2001-2004 Partnerschaft mit Gretel Volke
2003 Reise mit meinem Vater nach Peking
2005 Freundschaft Charles und Joni Walpole, Farmers Branch/Texas
2007 Partnerschaft mit Beate Schaaf (Heisel)
seit 2007 feste Kolumne „Was mich irgendwie nervt“ im Kurortmagazin Bad Salzelmen
seit 2011 Freundschaft mit Astrid Thorandt
2015 Ehrenbürgerschaft von Farmers Branch
2017 Ausstellung „Mineralien & Fossilien“ im Stadtwerkehaus Schönebeck
2018 Initiative Wegmarke „Mittelpunkt Sachsen-Anhalts“ Schönebeck
2019 Sieger Ideenwettbewerb zur Gestaltung der Magdeburger Hubbrücke: „Mondrianbrücke“
2019 Reise in die russische Exklave Kaliningrad mit Familie Heisel
2022 Initiative Skulptur „Muttchen“ für das Gymnasium Genthin
2022 Laudator Ausstellung „Wider den Krieg“ des Malers und Freundes Helmut Biedermann
2022 Heirat Beate Heisel